先秦儒家
人性论的起源与发展研究

郭 倩◎著

九州出版社

JIUZHOUPRESS

图书在版编目（CIP）数据

先秦儒家人性论的起源与发展研究 / 郭倩著. –– 北
京： 九州出版社，2022.8
ISBN 978-7-5225-1109-2

Ⅰ.①先… Ⅱ.①郭… Ⅲ.①儒家－人性论－研究
Ⅳ.① B222.05

中国版本图书馆CIP数据核字（2022）第149118号

先秦儒家人性论的起源与发展研究

作　　者　郭　倩　著
责任编辑　黄瑞丽
出版发行　九州出版社
地　　址　北京市西城区阜外大街甲 35 号（100037）
发行电话　（010）68992190/3/5/6
网　　址　www.jiuzhoupress.com
印　　刷　三河市龙大印装有限公司
开　　本　710 毫米 ×1000 毫米　16 开
印　　张　13.25
字　　数　156 千字
版　　次　2024 年 1 月第 1 版
印　　次　2024 年 1 月第 1 次印刷
书　　号　ISBN 978-7-5225-1109-2
定　　价　58.00元

序

　　人性，是哲学家和社会科学家们亘久不衰的话题，战国时期的学问家说："举天下之生（性），同也。其事无不复，天下之作也，无许恒，无非其所。举天下之作也，无不得其恒而果述。"（上博简《亘先》第12简），大意是说，大凡天下人的本性，都是相同的。因此人们所做的事情也大体一致，天下之人的造作行为，可以说没有固定的方向和目的，但也可以说到处的人所做的事都有一致的方向和目的，无不遵循一致的原则而达到目的。战国时人的这个言论，表明那个时代的智士已经对于天下之人的共通的人性有了深刻的认识。并且当时的人还精辟地认识到人性会受外物的影响而向不同的方向发展，说道："（四海）之内，其眚（性）弍（一）也。其甬（用）心各异，教使然也。凡眚（性），或动之，或逆之，或交之，或厉之，或出之，或养之，或长之。凡动眚（性）者，勿（物）也。"（上博简《性情论》第4—5简），这里强调的是，人性因受到的教育不同而向不同的方向发展。所有的人性都在随外物之变而发展变化。引起这些变化的就是外在的事物。这个认识符合马克思主义关于实践的理论。

人性的变化发展是多方面的。由人性所衍生的伦理道德观念如仁、义、智、信、情等，成为战国诸子经常研讨的问题。其中儒家在这许多方向的研讨中独占鳌头，理论贡献最为巨大，是我国传统中的非常精采而重要的一个部分。郭倩同志这部著作，从前儒家时代的人学与礼学讲起，再转入对于孔子、孟子、荀子人性论的具体阐释，还辟专章研究了郭店楚简《性自命出》篇的人性论。这部书总结和研究了先秦儒家人性论的起源与发展的全貌，提出了独到的认识，将相关研究向前推进。其努力的方向是正确的，所得出的结论受到学术界重视。

郭倩同志于罗新慧教授门下攻读博士学位，刻苦努力，历数年完成博士论文写作，得到专家好评，又用几年时间加以修改补充，不断予以完善。相信郭倩会继续前进，为学术界的相关研究作出更大贡献。

晁福林谨识于北京师范大学主楼六层办公室

时当 2022 年 7 月暑日

前　言

　　人性论是先秦儒家思想的重要内容，学界对于先秦儒家人性论的研究，目前多集中于哲学领域，注重研究概念的内涵与联系，对于人性论的起源及发展脉络的研究是不够的。有鉴于此，本书对先秦儒家人性论的产生、发展作出全面分析，指出礼是促成儒家人性论产生的重要因素；先秦儒家人性论的发展呈现出人的道德地位越来越高、逐渐突破天的限制的趋势。

　　本书分为六章。

　　第一章对春秋时期人性观念的出现作出梳理和发掘。春秋中晚期，受礼的观念的影响而产生的"成人"概念、具有法天色彩的"理想人性"概念和"即生言性"的论性方式，为人性论的产生创造了重要条件。在这些因素的共同作用下，"自然人性如何借由后天修养来达成理想人性"这一问题得以提出，而这一问题正是儒家人性论研究的核心问题。

　　第二章阐述了孔子的人性观。孔子认为，一方面，人性需要后天的道德学习才能臻于至善；另一方面，天道为人性提供了发展目标，理想人性以天道为准则，即人"生而即有"的学习能力和道德潜质可以帮助人们在后天通过道德学习来达至理想人性。孔子的人性观念，肯定了人达至理想人性的主动性与可能性，使人的道德地位初步得到了提升。

第三章主要分析了《中庸》的人性论。《中庸》人性论认为，天道在赋予人自然生命的同时，也将以天道为法则的理想人性的雏形纳入了人性之中，肯定了人达至理想状态的必然性，为后世之内向修德思想开辟了道路。与此同时，它强调"诚"与"中庸"，主张人们通过后天修养来充分觉知"性"中之理想人格。《中庸》人性论进一步拉近了自然人性与理想人性的距离，人具有了实现理想人性的必然性。在天人关系中，人的道德主动性进一步加强。

第四章主要分析了郭店简《性自命出》的人性论。郭店简《性自命出》的人性论继承了春秋以来"即生言性"的传统，并一改前人将自然人性负面化的做法，在自然人性中寻绎出道德端倪。它还指出了"心"与"情"在教化过程中担负的重要使命，既是对前人"心""情"认识的提炼与升华，又为后世"即心言性"与"即情言性"开辟了道路。《性自命出》人性论将人性的道德潜能归之于情、性而非天，使人的道德主体性进一步增强，对天的限制实现了前所未有的突破。

第五章概述了孟子的人性论。性善论是孟子人性论的主要内容，从孟子对于"性善"的论证来看，"性善"论的提出表明儒家学者对于人性的关注，已经不仅仅局限于人性中是否有道德，还关注到了人性是否有行善的能力。这是孟子对于人性能否达至理想状态的进一步肯定。此外，孟子发展了前人对于"心"的认识，认为"心"中蕴含了天道，人在后天的修德无须借助外物，从而进一步提升了人的道德主动性。

第六章是对《荀子》人性论的分析与概括。《荀子》将"性"分为两层：一层为以天道为法则之性，一层为人生而有之之自然性。这种划分既突出了人后天修德的重要性，也突出了人的道德主动性。而《荀子》的"性恶"说，以圣王创制的"礼义法正"作为评价人性的标准，显示出他对人性的评价已经由天道转向人道；他将道德的来源归于人而非天，也是对人的价值的充分肯定。荀子的修身思想，继承了前人的后天修德思想和对"情""心"的认识，是对人通过后天修养达到人性理想状态的进一步肯定。可以说，荀子对人性的认识，进一步突破了天对于人性的限制，是儒家人性学说中人的地位进一步提高的标志。

目 录
Contents

绪　论

一、研究对象

人性论，是对"人性"之论述。何为"人性"？理解"人性"的关键在于"性"。在前辈学者中，张岱年先生对"性"的解释较为明晰。在他看来，"性"有三种含义。第一种含义，指"生而自然"。这种含义包括三个方面的内容：①人生下来即具备的官能能力和情感欲望；②虽非生而具备，长大则自然发生的官能能力和情感欲望；③生而具有的可能与倾向，须经学习方能发展完成之能力，均可归为这一范围。第二种含义，指人区别于禽兽之处。比如孟子"无恻隐之心，非人也；无羞恶之心，非人也；无辞让之心，非人也；无是非之心，非人也"①，就是从人区别于禽兽之处来谈论人性的。第三种含义，指"人之所以为人者和人生之究竟根据"，即"宇宙之究竟本根，或全宇宙之本性，乃人所禀受以为生命之根本，他物之生亦

①《孟子·公孙丑》上。阮元校刻：《十三经注疏·孟子注疏》，北京：中华书局，1980年，第2691页。

是禀受此性以为根据"①，也即人之生命与德性的来源根据。

先秦儒家学者所论之"人性"，正符合张岱年先生所归纳之范围。比如，《荀子》"性恶"之"性"主要指"生而自然"之性；《中庸》"天命之谓性"之"性"具有"人之所以为人者和人生之究竟根据"的意味；而孟子的"无恻隐之心，非人也；无羞恶之心，非人也；无辞让之心，非人也；无是非之心，非人也"，符合张岱年先生所谓的"性"的第二种含义。

本书的研究对象，是先秦儒家人性论的起源与发展。孔子、《中庸》、郭店简《性自命出》、《孟子》、《荀子》，对人性均有论述，它们论述的角度各有不同。孔子主要着重于性与习、天道之关系；《中庸》着重于性与天、性与中庸之关系；《性自命出》主要着重于性、情、心之关系；孟子主要着重于性之善端，并开始以善恶来衡量人性；《荀子》主要着重于性之致恶的根源，并提出性恶说。概括而言，儒家人性论包括以下几个方面的内容。

首先是对人性与天之关系的探讨。《论语》载子贡之言曰"夫子之文章可得而闻也，夫子之言性与天道不可得而闻也"②，可见孔子曾思及性与天道之关系的问题，只是说得比较隐晦而已。《中庸》则直接肯定了性与天之关系，其文曰"天命之谓性"③"唯天下至诚，为能尽其性；能尽其性，则能尽人之性；能尽人之性，则能尽物之性；能尽物之性，则可以赞天地之化育；可以赞天地之化育，则可以与天地参矣"。④天对人之命令即为性，人

---

① 张岱年：《中国哲学大纲》，南京：江苏教育出版社，2005年，第240—242页。

②《论语·公冶长》。阮元校刻：《十三经注疏·论语注疏》，北京：中华书局，1980年，第2474页。

③ 朱熹：《四书章句集注》，北京：中华书局，1983年，第17页。

④ 朱熹：《四书章句集注》，北京：中华书局，1983年，第32页。

性与天性同以"诚"为用。《性自命出》言"性自命出，命自天降"。性出于命，命出于天，可看作是对《中庸》"天命之谓性"有关性天关系的继承。《孟子》言"尽其心者，知其性也。知其性，则知天矣。存其心，养其性，所以事天也"，^① 可见《孟子》亦认为人性与天是相通的。《荀子》言"生之所以然者谓之性。性之和所生，精合感应，不事而自然谓之性"。^②《荀子》对"性"之定义有两层：一是指天生人之根据，相当于孟子"尽其心者知其性也"的"性"，此一层与天相通；一是指与外物接触时人之官能之反应，此一层不与天通。由此可见，《荀子》将性分为与天相通的部分和不与天相通的部分。

其次是对人性中道德因素的探讨。《论语》中仅有两处言及"性"字——"性相近也，习相远也"^③"性与天道不可得而闻"^④，但从《论语》中的其他记载来看，孔子认为人性中存在道德端倪。孔子称"天生德于予"，认为天赋予自己以德性。《中庸》言"自诚明，谓之性"^⑤"唯天下至诚，为能尽其性"^⑥，言性中有诚，且只有依靠诚才能穷尽人性。《性自命出》言"道始于情，情生于性""唯性爱为近仁"，认为道与仁本就是情的产物，而情生于性，因此，性本就具有道德端倪。孟子认为心有四端："恻隐之心，

---

① 《孟子·尽心》上。阮元校刻：《十三经注疏·孟子注疏》，北京：中华书局，1980年，第2764页。

② 《荀子·正名》。王先谦：《荀子集解》，北京：中华书局，1988年，第411页。

③ 《论语·阳货》。阮元校刻：《十三经注疏·论语注疏》，北京：中华书局，1980年，第2524页。

④ 《论语·公冶长》。阮元校刻：《十三经注疏·论语注疏》，北京：中华书局，1980年，第2474页。

⑤ 朱熹：《四书章句集注》，北京：中华书局，1983年，第32页。

⑥ 朱熹：《四书章句集注》，北京：中华书局，1983年，第32页。

仁之端也；羞恶之心，义之端也；辞让之心，礼之端也；是非之心，智之端也。"① 仁、义、礼、智均根植于心，故性中亦有仁、义、礼、智。《荀子》虽言性恶，但也对人性中有可能导向道德之因素进行了探索。由荀子所言"人之所以为人者何已也？曰：以其有辨也"②"故学数有终，若其义则不可须臾舍也。为之，人也；舍之，禽兽也"③"水火有气而无生，草木有生而无知，禽兽有知而无义，人有气、有生、有知，亦且有义，故最为天下贵也"④ 等语可知，在《荀子》看来，辨、学、知、义这四种素质，是人之异于禽兽处。此四种素质虽然部分由后天养成，却是后天"化性起伪"、道德养成的必备条件。

再次是对心、情与人性关系的探讨。性并不能独立地表现于外，须借助于心、情、欲等因素来表现。而学者论性，也往往要通过观察由性而生之情、心等因素的表现。因此，诸家论性离不开心、情、欲等因素。从《中庸》开始，儒家学者便从心、情等角度来言性。《中庸》言："喜怒哀乐之未发，谓之中，发而皆中节，谓之和。中也者，天下之大本也；和也者，天下之达道也。致中和，天地位焉，万物育焉。"即喜怒哀乐达到中和的状态，就可以赞助天地化育万物。若将其与"唯天下至诚，为能尽其性；能尽其性，则能尽人之性；能尽人之性，则能尽物之性；能尽物之性，则可以赞天地之化育；可以赞天地之化育，则可以与天地参矣"⑤ 相参照，便

---

① 《孟子·公孙丑》上。阮元校刻：《十三经注疏·孟子注疏》，北京：中华书局，1980年，第 2691 页。

② 《荀子·非相》。王先谦：《荀子集解》，北京：中华书局，1988年，第 78 页。

③ 《荀子·劝学》。王先谦：《荀子集解》，北京：中华书局，1988年，第 11 页。

④ 《荀子·王制》。王先谦：《荀子集解》，北京：中华书局，1988年，第 164 页。

⑤ 朱熹：《四书章句集注》，北京：中华书局，1983年，第 32 页。

不难发现喜怒哀乐之中和即是尽人性之一种方式，那么，喜怒哀乐自然是人性之内容。《性自命出》言"性自命出，命自天降，道始于情，情生于性"①"人虽有性，心无定志"，将情、心与性紧密地联系在一起。情是性之外在表现，心则决定性之发展方向。至《孟子》，则以心有仁义礼智四端来论证性善，以心之沟通天人之功能来论证尽人之性即可尽天之性。在这里，心即是性。至《荀子》，"情"的内涵进一步丰富起来，为以情论证性奠定了基础。《荀子》认为情为性之质，欲为情之应，顺应情欲就会导致犯分乱理，因此人性为恶。

最后是对修养工夫的探讨。儒家学者虽然对"性"之评价不尽相同，但在修身方面，都主张通过后天修养来达至理想人格。孔子言"性相近也，习相远也"②，强调后天的修养工夫对于人性的自我完善是非常重要的。《中庸》言："天命之谓性，率性之谓道，修道之谓教……道也者，不可须臾离也，可离，非道。故君子戒慎乎起所不睹，恐惧乎其所不闻。"即性虽然天然符合道的要求，但仍需要在后天通过戒慎恐惧的方式来持守中道，以保证顺道不违。《性自命出》言："诗，有为为之也。书，有为言之也。礼乐，有为举之也。圣人比其类而论会之，观其先后而逆顺之，体其义而节文之，理其情而出入之，然后复以教。教，所以生德于中者也。"即诗书礼乐均为圣人创制，利用它们施行教化，可以将道德根植于人性之中。孟子强调人们应该在后天扩充仁、义、礼、智四端，以达到"尽其心者，知其性也；

---

① 刘钊：《郭店楚简校释》，福州：福建人民出版社，2003年，第88页。

② 《论语·阳货》。阮元校刻：《十三经注疏·论语注疏》，北京：中华书局，1980年，第2524页。

知其性，则知天矣"①的境界。荀子是先秦儒家学者中最注重后天教化的，他主张"化性起伪"说，强调人应当通过学习礼义法正来约束自己的情欲。

先秦儒家人性论的内容，可以引发如下思考：

首先是人性观念的起源问题。从先秦儒家人性论的内容来看，孔子时，人们已经对"人性"有了较为深刻的认识，"人性"这一观念已经较为成熟。那么，人性观念源于何时？是什么催生了"人性"观念？其次是儒家学者对人性的认识存在怎样的发展趋势？这种趋势能够反映哪些问题？再次是儒家学者对人性的认识有哪些共同点？最后，"心"与"情"这两大概念对于儒家论性具有哪些重要意义？

本书将以《左传》《国语》《论语》《孟子》《荀子》、郭店简《性自命出》为主要史料，结合学界对中国"轴心突破"期的阐释，对儒家人性论的起源和发展进行历时性的考察。

二、研究意义

首先，研究儒家人性论的起源与发展，有助于缕析、总结春秋中晚期人性论的发端。

先秦儒家人性论开端于孔子，成熟于孟、荀。孔子"性相近也，习相远也"说，是儒家学者首次对性进行阐述。然而遗憾的是，孔子对于人性的阐述已"不可得而闻也"。孔子之后，《中庸》、孟子、荀子均对人性有过专门的论述，先秦儒家的人性学说至此臻于成熟。从文献来看，在孔子之

---

① 《孟子·尽心上》。阮元校刻：《十三经注疏·孟子注疏》，北京：中华书局，1980 年，第 2764 页。

前，士大夫阶层已经开始关注到人性观念。那么，孔子之前的士大夫对人性的讨论，是从哪些方面入手的？其对后世的人性观念产生了怎样的影响？若是参照先秦儒家的人性学说，就能更好地理解春秋中晚期人性观念的特点与历史意义。

其次，研究儒家人性论的起源与发展，尤其是研究儒家人性论中之修身思想的发展，有助于理解儒家思想的特征。

先秦儒家学者虽然对人性的看法不尽相同，但若深入分析就会发现，在他们的心中都潜存一理想人格。他们对人性的讨论，均是围绕着如何养成理想人格而进行的。因此，人性中是否存在理想人格之潜质、人性如何通过后天修养来实现理想人格就成了他们讨论的重点。而综观他们对这两个问题的回答就会发现，他们对于人们的后天修养工夫都是高度重视的，这可以说是儒家人性学说发展过程中的共通之处。而先秦儒家这种重视人性在后天之发展的观念，与儒家思想的务实风格是一脉相承的。因此，研究儒家人性论，有助于理解儒家思想的特征。

再次，研究儒家人性论，尤其是研究儒家人性论起源与发展中的天与人性之关系，有助于明确儒家思想观念的发展趋势。

儒家人性论之一大内容，是天与人性之关系的问题。对于此问题，孔子、《中庸》、《性自命出》、《孟子》、《荀子》均有阐述。孔子曾思及性与天道之关系。《中庸》与《性自命出》认为性出自天、命。《孟子》认为尽心、尽性便能尽天地之性。《荀子》提出："生之所以然者谓之性。性之和所生，精合感应，不事而自然谓之性。"由此将性区分为天之予人者与全然在人者两个层次，并倡导"天人之分""不求知天"。综观上述观点可知，在《荀子》之前，人性一直为天所限定、规定；而《荀子》则将天之予人者与全然在我者区分开来，主张人以其全然在我者为基础实现理想人格，人性不再以天之限定作为标准，而是以圣人所创之礼义法正为标准；天不再是人之尺度，人即为人自身之尺度。这就充分表明，儒家人性论一直是朝着提升人之地位的方向发展的。

最后，研究儒家人性论的起源与发展，有助于深入理解儒家政治学说的发展变化。

儒家的政治学说，多以人性论为立论依据。孟子在回答有关治国之道的问题时，常以尧舜作为可效法的圣王。如："滕文公为世子，将之楚，过宋而见孟子。孟子道性善，言必称尧舜。"滕文公害怕力不能达，孟子以"有为者亦若是"，鼓励滕文公尽力而为。而孟子所持之治国法尧舜的观点，是建立在其性善论的基础上的。曹交问孟子："人皆可以为尧舜，有诸？"孟子回答："尧舜之道，孝弟而已矣。子服尧之服，诵尧之言，行尧之行，是尧而已矣。"① 此言尧舜不过孝悌而已，孝悌人人皆可为。此外，孟子又有"人皆有不忍人之心，先王有不忍人之心，斯有不忍人之政矣。以不忍人之心，行不忍人之政，治天下可运之掌上"之言。此明言人皆有不忍人之心，尧舜以此不忍人之心为政，故有尧舜之世。关于"不忍人"之心，孟子将其分析为恻隐之心、羞恶之心、辞让之心、是非之心。孟子曰："恻隐之心，仁之端也；羞恶之心，义之端也；辞让之心，礼之端也；是非之心，智之端也。人之有是四端也，犹其有四体也。"② 孟子认为，仁、义、礼、智

① 《孟子·告子下》。阮元校刻：《十三经注疏·孟子注疏》，北京：中华书局，1980年，第2756页。

② 《孟子·公孙丑上》。阮元校刻：《十三经注疏·孟子注疏》，北京：中华书局，1980年，第2691页。

四端为人之固有，唯因人人有此四端，故可行孝悌；唯因人人可行孝悌，故人人可行仁政，人之善良本性是"不忍人之政"的基础。由此可见，孟子之性善论是其王道学说的立论依据。

《荀子》的性恶说则是其政治学说的立论依据。《荀子》言"人之性恶，其善者伪也"①"从人之性，顺人之情，必出于争夺，合于犯分乱理而归于暴"②。对于人的劣根性，《荀子》指出："人生而有欲，欲而不得，则不能无求；求而无度量分界，则不能不争；争则乱，乱则穷。先王恶其乱也，故制礼义以分之，以养人之欲，给人之求，使欲必不穷于物，物必不屈于欲。"③礼可使人求有度，避免争、乱、穷等弊病，故《荀子》主张以礼治国。《荀子》"以礼治国"的政治学说的基础，正在于其性恶论。

因此，对先秦人性论的发展状况的考察，有助于理解先秦时期治国理念的发展变化。

三、前人研究成果综述

早在宋代，儒家人性论就已成为学者关注的重点。降至今日，关于先秦儒家人性论的研究成果可谓汗牛充栋。限于学力，兹就与本书联系最为密切者加以梳理。

---

① 王先谦：《荀子集解》，北京：中华书局，1988 年，第 514 页。
② 王先谦：《荀子集解》，北京：中华书局，1988 年，第 514 页。
③ 王先谦：《荀子集解》，北京：中华书局，1988 年，第 409 页。

（一）学术界对反映诸子之前思想文化的文献中之"性"字内涵的概括

诸子之前文献中已经有"性"字出现，但"性"字的内涵并不统一。

大多数学者认为，诸子之前文献中之"性"字以自然性为主。傅斯年《性命古训辩证》缕析了西周金文中之"生"字，及反映诸子之前思想文化的文献中之"性"字，认为这一时期文献中之"性"字与"生"字处于混淆状态，"性"皆可作"生"讲。[①] 唐君毅认为，诸子之前文献中之"性"字多指自然生命之性。[②] 徐复观对《左传》中之"性"字进行了研究，认为其中之"性"字多为自然意义之性，其内涵侧重在人欲上。不过，徐复观也承认，《左传》中与"天地之性"同时出现之"民性"，具有性善的意义。[③]

也有学者从生而即有之倾向性上，来解释反映诸子之前思想文化的文献中之"性"字。葛瑞汉（A. C. Graham）认为，在孟子之前，一般意义上的"性"的概念似乎是作为一个健康的人之生命进程开始的，当其范围扩大到所有生命和无生命之物，当它们沿着其特有的进程正在发展和已经发展，扩大到把它们的特性赋予所有的事物时，其逐渐被用"本性"解释。[④]

---

① 傅斯年：《性命古训辩证》第三章、第四章、第五章，上海：上海古籍出版社，2012年，第37—64页。

② 唐君毅：《中国哲学原论·原性篇》，北京：中国社会科学出版社，2005年，第6—31页。

③ 徐复观：《中国人性论史》，北京：九州出版社，2014年，第54页。

④ 葛瑞汉（A. C. Graham）：《孟子人性理论的背景》，安乐哲（Roger T. Ames）、江文思（James Behunial Jr.）编：《孟子心性之学》，北京：社会科学文献出版社，2005年，第17页、38页。

以上学者论"性"字之意义，多从文献的意义上着手，而牟宗三《心体与性体》对"性"字意义的分析，则纯从哲学的意义上着手。他认为："大抵性之层面有三：一、生物本能、生理欲望、心理情绪这些属于自然生命之自然特征所构成的性，此为最低层，以上各条所说之性及后来告子、荀子所说之性即属于此层者；二、气质之清浊、厚薄、刚柔、偏正、纯驳、智愚、贤不肖等所构成之性，此即后来所谓气性、才性或气质之性之类是，此为较高级者，然亦由自然生命而蒸发；三、超越的义理当然之性，此为最高级者，此不属于自然生命，乃纯属于道德生命、精神生命者，此性是绝对的普遍，不是类名之普遍，是同如一的，此即后来孟子中庸易传所讲之性，宋儒所谓天地之性、义理之性者是。"①

（二）学术界对孔子人性论的研究

《论语》中有两处言及"性"字，一处是"性相近也，习相远也"②，一处是"夫子之言性与天道不可得闻"。学者多从分析此两句之意义入手，来探究孔子之人性论。

朱熹分别从气质之性和义理之性的角度，对《论语》中的两处"性"字作出解释。

朱熹认为，"性相近"乃"兼气质而言者也。气质之性，固有美恶之不同矣；然以其初而言，则皆不甚相远也。……程子曰，此言气质之性，非言性之本也。若言其本，则性即是理；理无不善，孟子之言性善是也。何

<hr>

① 牟宗三：《心体与性体》第一册，台北：正中书局，1968年，第198—199页。
② 《论语·阳货》。阮元校刻：《十三经注疏·论语注疏》，北京：中华书局，1980年，第2524页。

相近之有哉"？^① 在朱熹看来，这里的"性"字以气质之性为主，兼有性善之意。对于"性与天道不可得闻"一句，朱熹则直接点明此处之"性"为"人所受之天理"："文章，德之见乎外者，威仪文辞皆是也。性者，人所受之天理；天道者，天理自然之本体，其实一理也。言夫子之文章，日见乎外，固学者所共闻；至于性与天道，则夫子罕言之，而学者有不得闻者。"^②可见在朱熹眼中，孔子所谓"性相近"，意谓气质之性与义理之性人人相近，关于义理之性及其与天道之关系，则孔子罕言。

阮元将《论语》中的两处"性"字解作"有秉彝之性"。阮元认为，"性相近"之"性"为有秉彝之性，且存在智愚之别："性中虽有秉彝，而才性必有智愚之别。然愚者，非恶也，智者善，愚者亦善也。"^③至于"性与天道不可得闻"，阮元认为"此'性'字连'命'字为言，更见性命即关乎天道。此天道即孟子所说'圣人之于天道'之天道也，即孔子五十所知之天命也。天道非圣人所能逆知，故曰'不可得而闻'。"^④

现当代学者程树德认为，"性相近也，习相远也"乃"孔子认为善难当甚"，并采前人之说，将此处之"性"解作中人之性。"名性者，中民之性……性者，天质之朴也。善者，王教之化也"。^⑤而对于"性与天道不可得闻"之"天道"，程先生一反前人将此处释为"天理"的成说，提出此处之天道"与命相关，乃气数之意"。^⑥

---

① 朱熹：《四书章句集注》，北京：中华书局，1983年，175页。
② 朱熹：《四书章句集注》，北京：中华书局，1983年，第79页。
③ 阮元：《揅经室集》上册，北京：中华书局，1993年，第224页。
④ 阮元：《揅经室集》上册，北京：中华书局，1993年，第224页。
⑤ 程树德：《论语集释》，北京：中华书局，1990年，第1178页。
⑥ 程树德：《论语集释》，北京：中华书局，1990年，第318—322页。

徐复观先生认为，《论语》所言之气质之性，如狂、狷、愚、鲁等并没有相似之处，故而孔子说"性相近"，应指与天道相结之性相近。《论语》两处"性"均为与天道相结之性，也即宋儒所谓天命之性。而"仁"则为性与天道相结之内容。①《论语》中之二"性"字体现出孔子性善的思想。

此外，还有学者从孔子的整体思想入手，来探讨孔子的人性论。下面，拟谨撮其与本书直接相关者进行介绍。

苗润田认为，在孔子看来："人性是可以变的，但不是一切人的本性都是可以变的。他并不认为上智和下愚的本性因后天习染而能有所改变，也不认为本性因后天习染而有所改变的人是'上智'和'下愚'。"②

王棣棠从四个方面分析了孔子"性相近也，习相远也"之语。首先，人作为生物学上的类，是具有自身的本性的，人不同于他物，人有人性。其次，人生下来就具有自然属性，人类的自然属性是大致相同的。再次，孔子肯定人性可变，人性的变化是由于"习"。最后，孔子的人性学说与其"仁"学是紧密相连的。③

褚新国认为，在"性与天道"的意义上，孔子认为人道本于天道，人道源于无限的超越性存在——天道，人的生命具有内在的潜能，人可以通过充分发挥自己生命的内在潜能，实现生命的自我超越，提升自己生命的内在本质，人可以在"性与天道"的意义上尽人性、知天命。在孔子那里，性与命与道是有机统一的，人通过"下学上达"的进学之路尽性、知命而

---

① 徐复观：《中国人性论史》，北京：九州出版社，2014 年，第 57—93 页。
② 苗润田：《孔子人性思想浅论》，《齐鲁学刊》1984 年第 2 期。
③ 王棣棠：《孔子思想新论》，兰州：兰州大学出版社，1988 年，第 136—137 页。

合天。①

张茂泽认为，孔子的人性思想并不局限于"性相近也，习相远也"一句话。综合孔子的言论可知，他所言的"性"，是以"仁""礼"等为中心的德性，性近习远的现实人性被要求围绕这一中心而变化，从而确立其在人性内涵中的真正地位。孔子要求人们通过学习、克己等修养，化不良的现实人性为善的人性。因此，孔子的人性论是倾向于人性善说的，这成为后儒所谓"孔孟之道"的人性论基础。②

冯兵认为，"孔子对人性的潜在评价其实是善恶并存的"，并由此主张"性相近"，而不是性同一。③

陈桐生分析了《礼记》中孔子的言论后认为，孔子人性论的主要贡献在于："他开启了由礼入情的学术通道，为儒家后学深研人性打开了一个窗口。孔子还就以礼饰情、以礼节情以及人性的先天禀赋与后天习染等问题发表了一系列的精辟见解。"④

赵法生结合新出土竹简，来探讨孔子的人性观。他认为，孔子的人性论作为儒家初始的人性学说，具有多向度的特征和多层次的内涵，以生论性、以气论性、以仁论性、以天命论性等因素均夹杂其中，是后来儒家各派人性论的共同思想源头。因此，以性善来理解孔子的人性论是不妥当的。⑤

① 褚新国：《性与天道——考察孔子人性思想的一个向度》，《云梦学刊》2004 年 7 月。

② 张茂泽：《孔子的人性论》，《长安大学学报》2013 年第 6 期。

③ 冯兵：《论孔子善恶混的人性观》，《哲学研究》2008 年第 1 期。

④ 陈桐生：《孔子人性论》，《中国文化研究》2010 年夏之卷。

⑤ 赵法生：《孔子人性论的三个向度》，《哲学研究》2010 年第 8 期。

唐代兴认为，孔子思想的原点是其人性论，它蕴含存在论意义的"性相近"、生存论意义的"习相远"和实践论意义的人性重塑。孔子努力于后者，创建起以"持礼成乐"为生活目的，以"以仁入礼"为基本进路，以"博学内省"和"敬德修业"为内外双修原则和以"齐""治"为践行方式的道德人性论。[①]

（三）学术界对孟荀人性论的研究

关于孟荀人性论，前辈学者的研究成果可谓汗牛充栋，且很多研究成果都呈现出显著的时代特征。[②] 限于篇幅，下面仅撮其与本书直接相关者进行介绍。

对于孟子的人性论，后世学者多以性善概括之。其性善说究竟为何意，后世学者众说纷纭。

陈澧《东塾读书记》认为："孟子所谓性善者，谓人人之性皆有善也，非谓人人之性皆纯乎善也。"[③] 蔡仁厚从文本分析入手，将孟子的性善论概括为三个方面：其一，孟子性善论从人禽之辨入，着眼于人之所以异于禽兽

_____

① 唐代兴：《孔子人性思想的生成敞开进路》，《中国哲学》2016 年第 6 期。

② 对于孟子、荀子及其人性论的研究情况，可参看傅永聚：《孟子研究四十年（1949—1989）》，《齐鲁学刊》1989 年第 6 期。刘树勋：《孟子研究综述》，《国内哲学研究动态》1981年第 6 期。张奇伟：《建国以来孟子研究回顾》，《哲学动态》1989 年第 11 期。杨泽波：《20世纪孟子研究述要——兼论"西学化倾向"的产生、发展和趋势》，《孟子与中国文化》，贵阳：贵州人民出版社，2000 年，第 253—264 页。江心力：《20 世纪前期的荀学研究》，中国社会科学出版社，2005 年。惠吉星：《四十年来荀子研究述评》，《河北学刊》1996 年第 5 期。廖名春：《20 世纪后期大陆的荀子文献整理研究》，《邯郸学院学报》2007 年第 4 期。范红军：《近十五年来荀学研究综述》，《高校社科信息》2003 年第 3 期。徐勇、黄朴民：《近年来孟子、荀子研究撮述》，《历史教学》1994 年第 8 期。

③ 陈澧：《东塾读书记》，上海：世界书局，1936 年，第 19 页。

者何在。其二，孟子说性，是就人性分中所固有的而言。凡是性分中所固有的，都是"得之于天"，"操之在我"；既不是"有所待于外"的，亦不是"大行""穷居"所能增益或减损的。其三，孟子论性，是就"人皆有之"的善根善端而言，但孟子也承认人性之恶，并认为人性之恶来源于耳目之欲和环境影响。蔡仁厚之分析，特着重于孟子性善论所表现出之人之作为人的自觉，这是比其他学者深入的地方。

王筱芸认为，孟子的性善论区别了人的自然本性和社会本质，强调了人的社会本质的重要性。[①]

王棣棠认为，孟子的人性论在孔子的基础上，作了两个方面的补充。首先，孔子没有具体说人性是什么，而孟子以水喻性，以仁义礼智之心言性，将性具体化了；其次，孔子只说"性相近"，而孟子认为每个人都具有善性，人性是同一的。值得注意的是，王棣棠指出，孟子的人性论主要是性善论，但不只是性善论，孟子还从人的生理官能的作用和欲求上探求了人性。[②]

董洪利将孟子的性善论概括为三个方面：1. 人类有着共同的本性，这个本性是以仁、义、礼、智等道德意识为内容的社会属性，而不是与禽兽无别的自然属性。2. 人的善性是先天固有、与生俱来的，而不是后天形成的。3. "人皆有之"的善性，最初只是一种道德的萌芽，必须经过自我修养"扩而充之"，才能最终发展成为完美的道德。[③]

---

① 王筱芸：《试论孟子的性善论》，《广西师范学院学报》1983 年第 2 期。

② 王棣棠《孟子的人性论探微》，孔孟学研究丛书编辑委员会主编：《孟子思想研究》，济南：山东大学出版社，1986 年，第 255—263 页。同书中洪波《孟子人性论述评》和张季平《孟轲性善论剖析》也对孟子性善论对孔子思想的继承作出分析。

③ 董洪利：《孟子研究》，南京：江苏古籍出版社，1997 年，第 79—92 页。

杨泽波着重对孟子性善论的思路进行了分析。他认为，孟子只以良心、本心论性，不谈认知心，这是性善论的前提。在此基础上，孟子提出"良心本心人所固有""良心、本心是性善的根据""恶在于不能尽其才""性善是事物的法则""性善是个过程""仁义内在，性由心显"等观点。因此，孟子性善论立论的核心是生命体验。① 此外，杨泽波还探讨了孟子之性善是否指性本善这一问题。他认为，在孟子看来，心是善的根据，性的源头，性善之根据在于良心、本心。性善论并不是性本善论、性善完成论，而是心有善端可以为善论。②

对于《荀子》之人性论，学界亦多有阐述。

陶师承认为，荀子所言之性乃指人生而具有之物，"感觉"为性之代表，并从耳目口鼻各有其欲的经验角度得出了性恶的结论。③

陈登元从荀子"性""情"连言的角度，提出荀子之性恶主要指情恶："荀子连言性、情，则彼之性恶，乃有情恶之可能性者。今以好利恶祸攘夺之恶，为由性而生乎，则又与'性'字之定义不合。'性'之定义，不过本能……此非本能也，此非吾所固有者也。"④

刘念亲认为，荀子并不主张人性恶："总括起来，荀子人性的见解，性是生之所以然。好、恶、喜、怒、哀、乐六情，是性中含的质。有感于物

---

① 杨泽波：《孟子与中国文化》，贵阳：贵州人民出版社，2000 年，第 195—200 页。杨泽波在其另一部论著《孟子性善论研究》中也对孟子"性善论"作了类似分析。参见杨泽波：《孟子性善论研究》，北京：中国人民大学出版社，2010 年。

② 杨泽波：《孟子性善论研究》，北京：中国人民大学出版社，2010 年，第 34—43 页。

③ 陶师承：《荀子研究》，上海：大东书局，1926 年，第 134—135 页。

④ 陈登元：《荀子哲学》，上海：三联书店，2014 年，第 155 页。

而起作用，便是欲。有性即有情欲；人的情欲是多的，不可去的。"①

刘子静认为，应从两个方面分析荀子的人性观："一是由人性方面去观察，则人类有恶而无善。二是由智能（指可知的质可能之具）方面去观察，则人类仍有克制恶性的可能。"②

郭沫若认为，荀子说"性恶"，主要是"把人作为纯粹的动物来看。他认为人性具有好恶食色的情欲，任此种情欲发展下去，那就只有争夺暴乱，完全和禽兽无别"。③

惠吉星认为，所谓"性恶"，指人的本性中没有礼义辞让。争夺、残贼、淫乱是恶，这些恶源于人的好利疾恶、耳目之欲、声色之好。"既然人性是产生罪恶的渊薮，它本身就不是一种中性的存在，而是恶的存在。善不是在人性基础上发展起来的，而是对人性的根本改造"。④

郭志坤认为，荀子"把人的生理素质看成是'性'，恶就是与生俱有的自然的'天情'。'伪'是'感而不能然，必且待事而后然者'，即不是天然成就的，必须通过学习、加工制作才能做到的。这就是'礼义'"。⑤

吴乃恭认为，在荀子思想中，生来就是这样的叫作性，性由阴阳相结合的气所生，主观精神同外界事物相接触产生一种感应（心理活动），不经过人为而自然产生的叫作性。荀子言性恶，不是指天生的自然本性是恶的，而是人从自然本性转化为社会属性的结果，是后天的人性恶。⑥

---

① 刘念亲：《荀子人性的见解》，《晨报副刊》1923 年 1 月 16、17、18 日。
② 刘子静：《荀子哲学纲要》，北京：商务印书馆，1938 年，第 14 页。
③ 郭沫若：《郭沫若全集·历史编》第 2 卷，北京：人民出版社，1981 年，第 223 页。
④ 惠吉星：《荀子与中国文化》，贵阳：贵州人民出版社，1996 年，第 110 页。
⑤ 郭志坤：《荀学论稿》，上海：三联书店，1991 年，第 172 页。
⑥ 吴乃恭：《荀子性恶论新议》，《孔子研究》1988 年第 4 期。

廖名春认为，荀子之性恶论指顺从人的本性和情欲，必然会出现争夺、违反等级名分、扰乱礼义的行为。荀子之性恶并非指人之性全部是恶，每个人都具有实行仁义法正的材质。但人先天具有的、能化性起伪的义、辨等因素并不具有性善的意义。[①]性恶并非荀子人性论的全部，荀子的人性论中还有非恶非善的一面。其人性最一般的意义是指人生而具有的本能，其第二层意义是二元的，由恶的情欲之性和无所谓善恶的知能之性构成。[②]路德斌亦持相似的看法："荀子认为性非本恶，而是顺着欲望发展下去会至于恶。性不能自美，故不可谓性善。"[③]

（四）学术界对孟、荀言"性"之内涵差异的研究

在讨论孟子性善说和荀子性恶说的过程中，一些学者发现孟荀关于人性的观点之所以不同，与二者所言之"性"之内涵不同有着密切关系。

程颐与朱熹将孟子所言之性归为义理之性。程伊川认为："'性'字不可一概而论。'生之谓性'止训所禀受也。'天命之谓性'，此言性之理也。今人言天性柔缓，天性刚急，俗言天成，皆生来如此。此训所禀受也。若性之理也，则无不善。曰'天'者，自然之理也。"[④]朱熹认为："性者，人之所得于天之理也。生者，人之所得于天之气也。生，形而下者也。人物之生，莫不有是性，亦莫不有是气。"[⑤]

---

① 廖名春：《荀子新探》，北京：中国人民大学出版社，2014 年，第 78—82 页。

② 廖名春：《荀子人性论再考察》，《吉林大学社会科学学报》1992 年第 6 期。

③ 路德斌：《荀子与儒家哲学》，济南：齐鲁书社，2010 年，第 135 页。

④ 程颐、程颢：《二程遗书》，北京：中华书局，1981 年，第 313 页。

⑤ 朱熹：《四书章句集注》，北京：中华书局，1983 年，第 326 页。

戴震认为，孟子所论之性是人区别于禽兽的性[①]。陈澧亦持此说："（告子所言之性）言与生俱来者也。即孟子所谓非由外铄我也，我固有之也。其解'性'字本不误，其误在仁义为非固有。夫但知固有者为性，而不知仁义为固有，则性中固有者，惟食色而已。如此则人之性，真犹犬牛之性矣！故孟子必指出仁义礼智为固有，固有即良知也。孟子言良知，亦必指出爱亲敬长也。故孟子必指出仁义礼智为固有，固有即良知也，孟子言良知，亦必指出爱亲敬长也。"[②] 阮元著《性命古训》，力证孟子之耳目口鼻之欲和天命彝伦之义。[③]

张岱年先生的持论与戴、陈相似："孟子所谓性者，正指人之所以异于禽兽之特殊性征。人之所同于禽兽者，不可谓为人之性；所谓人之性，乃专指人之所以为人者，实即是人之'特性'……此种人之所以为人之特征，实非已完成的，而仅是萌芽，故孟子称之为'端'。"[④] 张岱年先生同时强调，孟子并不否认人有不善的性质，且强调后天对四端的充实。徐复观先生在戴、陈之说的基础上，进一步提出孟子之性强调"其实现可由人自己做主"[⑤]。

葛瑞汉认为，孟子所说之性虽然主张道德倾向之性，但孟子也承认追求美味、美丽、音乐和身体的舒适这样的欲望是性。[⑥] 项退结先生将孟子所

① 戴震：《孟子字义疏证》，北京：中华书局，1961 年。

② 陈澧：《东塾读书记》，上海：世界书局，1936 年，第 19 页。

③ 阮元：《性命古训》《威仪说》，《揅经室集》第一册，北京：中华书局，1993 年，第211—236 页。

④ 张岱年：《中国哲学大纲》，南京：江苏教育出版社，2005 年，第 187 页。

⑤ 徐复观：《中国人性论史》，北京：九州出版社，2014 年，第 148 页。

⑥ 葛瑞汉（A. C. Graham）：《孟子人性理论的背景》，安乐哲（Roger T. Ames）、江文思（James Behunial Jr.）编：《孟子心性之学》，社会科学文献出版社，2005 年，第 17、38 页。

言之"性"分为大体之性和小体之性。其中，小体之性即口目耳鼻及四肢的欲望；大体之性即仁义礼智四端，其是构成人之所以为人之人性。[①] 此说在学术界也有较大影响。

关于荀子所言之"性"，学术界之争论亦广泛而深入。陈登元认为："荀子之所谓性者，系指本能而略涉及欲字之界限。"[②] 张岱年认为，荀子所说之性，即"生而完成者谓之性；生而不论有萌芽与否，待习而后完成者，都是伪"。[③] 唐君毅认为，荀子所言之"性"主要是从人不学而能的自然性角度来阐述的。[④] 惠吉星认为，荀子所言之"性"，指人的自然属性；人的社会属性则被荀子称作"伪"。[⑤]

夏甄陶认为，荀子"性恶"之"性"，"不是人在后天的社会生活中形成的，而是一种天然生就的自然本性，'性'是不能学习、不能造作，而为人生来就自然而然地所具有"；"就其特质来说，'性'是一种未经加工的、质朴的原始素材，天生是一个什么样子就是什么样子"；"就其范围和内容来说，'性'包括各种生理器官的自然的生理本能以及对于衣食声色的情欲"。[⑥]

此外，还有学者对荀子所言之性的层次进行了分析。廖名春在《荀子新探》中指出，荀子所言之性有两层含义：第一层指生之所以生的物质载体；第二层指人的天赋本能（心理学上的性），由恶的情欲之性和无所谓善

① 项退结：《孟荀人性论之形上学背景》，台大哲学系：《中国人性论》，台北：东大图书公司，1990年，第59—73页。

② 陈登元：《荀子哲学》，上海：上海三联书店，2014年，第144页。

③ 张岱年：《中国哲学大纲》，南京：江苏教育出版社，2005年，第189页。

④ 唐君毅：《中国哲学原论·原性篇》，北京：中国社会科学出版社，2005年，第6—31页。

⑤ 惠吉星：《荀子与中国文化》，贵阳：贵州人民出版社，1996年，第108页。

⑥ 夏甄陶：《论荀子的哲学思想》，上海：上海人民出版社，1979年，第76页。

恶的知能之性构成。[①]徐复观则将荀子所言之性划分为三个层次："一指的是官能的能力；二指的是由官能所发生的欲望。"[②]三指与天联结之性，这一层之性在荀子思想中不占主要地位。韦政通将荀子所言之性分为第一天性、第二天性，而荀子所言性之本身指自然和本能，[③]而"人是文化的动物，由于历史的积累和个人的内化作用，这种破坏性早已成为人类的第二天性"。[④]所谓性恶之性，即第二天性。

路德斌结合荀子人性论产生的时代背景，对荀子所言"性"之内涵进行了横向的衡量。"在当时一般人的观念中，'性'并不是一个用以表征人区别于动物之本质属性的概念，因此它不具有人之所以为人的内涵和规定。……具体到荀子的人性论，我们会看到，作为儒者，他并没有沿用孟子的说法，相反，他坚持'约定俗成'的原则而自觉地在传统的意义上使用'性'一概念。"[⑤]在路德斌看来，荀子认为，具有"人之所以为人者"之内涵及规定的不是"性"，而是"伪"。

（五）学术界对孟荀人性论之比较的研究

陶师承认为："孟子谓学以成其性之善；荀子谓学者乃学圣人所伪作之礼义，非学其性也。孟子以人之性善，失其性而后为恶；荀子则以为必离其朴资，失其性而后善。孟子以道德辞让为良知良能之自然法，荀子以道

---

① 廖名春：《荀子新探》，北京：中国人民大学出版社，2014 年，第 64—86 页。

② 徐复观：《中国人性论史》，北京：九州出版社，2014 年，第 208 页。

③ 韦政通：《中国思想史》，台北：水牛出版社，1986 年，第 319 页。

④ 韦政通：《中国思想史》，台北：水牛出版社，1986 年，第 321 页。

⑤ 路德斌：《荀子与儒家哲学》，济南：齐鲁出版社，2010 年，第 107—108 页。

德辞让为悖于性情之人为法。此为二家相异之大者也。"① 在此基础上，陶师承进一步提出："1. 孟子说人性皆善，为性善一元的伦理说。荀子说人性皆恶，为性恶一元的伦理说。二家虽并为性一元论，其实绝对相反。2. 孟子以道德为人性所固有，荀子以道德为圣人因乎时势之不得已而作之。孟子为道德固有论之宗，荀子为道德人为论之宗。换言之，一为先天论者，一为后天论者。3. 孟子言性善，以恶乃为物欲所陷溺，即由于外界之诱惑而生。荀子言性恶，以恶乃为圣人所教诲而生。4. 荀子之学，主于外之礼义法正，一变而生刑名法术之学。孟子之学，主于内之存养省察，一变而为理气心性之说。"②

郭沫若认为："孟子道性善俨然唯心，荀子道性恶俨然唯物。但其实两人都只说着一面，而其所企图的却是要达到同一的目标。性善故能学，性恶故须学。两人都是在强调学习，强调教育的。"③

郭志坤认为，荀子和孟子的人性论在很多方面是一致的："荀子和孟子的人性论都认为人性是先天的；荀子和孟子一样，都从生理官能上讲人性；荀子和孟子一样，都强调伦理道德的重要；荀子和孟子一样，都认为人人皆可成为圣人。"④

吴乃恭认为，孟荀的人性论既有共同点又有重大区别。共同点在于：二者都宣传礼义的作用；都强调环境的影响作用。区别之处在于：孟子持

---

① 陶师承：《荀子研究》，上海：大东书局，1926 年，第 30—34 页。
② 陶师承：《荀子研究》，上海：大东书局，1926 年，第 134—135 页。
③ 郭沫若：《郭沫若全集·历史编》第 1 卷，北京：人民出版社，1982 年，第 615—616 页。
④ 郭志坤：《荀学论稿》，上海：三联书店，1991 年，第 174 页。

天赋道德论，荀子持后天道德论；孟子认为追求物欲者是小人，荀子认为物欲是养生所必需，欲望只要合理，就不妨碍人性善。[①]

以陈大齐、龙宇纯为代表的学者认为，孟荀之人性论并不相抵触。陈大齐认为，孟荀的人性论并不相抵触，二者之所以分别倡言性善和性恶，是因为"两者所用'性'字之名同而义异。……孟荀两家所说，其相异较甚的，是善的由来的理论。孟子以善为属于先天所固有，荀子以善为出于后天所养成。但细察两家所说存善与致善之道，则又大体相同，未可谓为相反"。[②]为论证孟荀之人性论并不抵触，陈大齐还提出三点论据：其一，孟子所收入性内的事情，荀子大抵排诸性外；孟子所排诸性外的事情，荀子则收入性内。其二，孟子所认为善的，荀子亦认为善；荀子认为恶的，孟子亦认为恶；二人都推崇仁义礼智。其三，二者对于善的来源问题，貌似相反而实不相反，两家所说存善与致善之道，大体相同。龙宇纯认为："孟荀二人论性不同，并非于'性'字了解根本相异，不过是各人所着重之点有别而已。孟子未尝反对生之谓性，荀子也说生之所以然者谓之性。对于孟子所说之仁义礼智，荀子也并不反对。"[③]

（六）学术界对于孟荀人性论差异原因的研究

关于造成孟荀人性论差异的原因，有学者认为，与二人对天的认识有关。有学者从荀子学说的整体逻辑出发，认为荀子言性恶是为了说明礼的

① 吴乃恭：《荀子性恶论新议》，《孔子研究》1988 年第 4 期。
② 陈大齐：《孟子性善说与荀子性恶说的不相抵触》，吴康等：《孟子思想研究论集》，台北：黎明文化事业公司，1982 年，第 199 页。
③ 龙宇纯：《荀子论集》，台北：学生书局，1987 年，第 57 页。

作用。也有学者认为，二人对"性"的概念理解的不同导致了人性论的分歧。

从对天的认识的角度来探讨此问题的，有冯友兰、谭宇权、项退结等。

冯友兰认为："孟子之所谓天……有时则指义理之天。孟子因人皆有仁、义、礼、智之四端而言性善。人之所以有此四端，性之所以善，正因性乃'天之所与我者'，人之所得于天者。此性善说之形上学的根据也。"①"荀子所言之天，是自然之天，其中并无道德的原理，与孟子异。其言性亦与孟子正相反对。……'生之所以然者谓之性'，性乃属于天者。天既自有其'常'，其中无理想，无道德的原理，则性中亦不能有道德的原理。道德乃人为的，即所谓伪也。"②冯先生认为，孟荀之人性论的差别与二者对天的认识不同有关。

谭宇权认为，孔子之"知天命"，是指孔子意识到，天道法则必须收束于人中，由人作为主体作出抉择，才能实现内在对天命的超越。孟子继承了孔子的天命观。孟子明确说道："夭寿不贰，修身以俟之，所以立命也。"这就是说，虽然每个人的命长命短是无法由自己控制，但修身的权利却可以是"完全掌握"在自己手中。在这个变动不居的世间，"修身"将成为唯一安身立命的可行方法。孟子又说："莫非命也，顺受其正，是故，知命者不立乎岩墙之下。尽其道而死者，正命也；桎梏而死者，非正命也。"谭先生认为，孟子之性善说，继承自孔子"天道法则必须收束于人中"之思想。

---

① 冯友兰：《中国哲学史》，北京：三联书店，2009 年，第 148 页。
② 冯友兰：《中国哲学史》，北京：三联书店，2009 年，第 323 页。

项退结认为，孟子所言之"天"是位格性的，仁义礼智信是位格性之天赐予人之天爵，是人之所以为人的人性，孟子由此得出了性善的结论。而荀子以自然之道代替了位格性之天，故其善恶标准取决于社会的治乱。[①]

龙宇纯在《荀子论集》中从荀子学说的整体逻辑入手，提出荀子言性恶是为了说明礼的作用。他指出："荀子提出性恶，是因为他将礼作为了宇宙本体。为了说明礼的作用，而特强调人性恶。"[②]周群振在《荀子思想研究》中提出了类似的观点："荀子以诚朴笃实的心灵，体现为知性主体的生命，就此中心点出发，首先面对现实中人与人间相互生活处理上的需要，于是构成了纯客观的'礼之统类'的观念。在这种观念下，荀子自然不能承认世间还有任何其他的标准，应当为人所崇奉。因此，他不仅反对墨、道、阴阳诸家之以天为法，即正宗儒家绝对化之天地精神，亦在所不容。甚者且一反自孔孟以来，以仁义说性的传统，而正式提出了性恶的主张。"[③]

有学者从"性"的概念入手，来探究孟荀人性论产生分歧的原因。路德斌认为："导致孟荀人性论间冲突的真正原因其实不在别处，而是在名言概念上，具体说，就在'性'概念本身，在'性'概念的使用上。""孟子所谓'性善'是一个形而上学的命题，性的善恶只与道德之形而上根据——四端的有无有关，而无涉于四端在现实的、经验层面的表现如何。但是在荀子，情形则恰好相反。荀子的价值坐标完全指向现实的经验层面，他的善恶观念不是从主体的先天道德根据处立言，而是落实在一

---

① 项退结：《孟荀人性论之形上学背景》，台大哲学系：《中国人性论》，东大图书公司，1990年，第 59—73 页。

② 龙宇纯：《荀子论集》，台北：学生书局，1987年，第 68 页。

③ 周群振：《荀子思想研究》，台北：文津出版社，1987年。

个外在、客观的标准之上，也即落实在那个能够使人类社会趋于'正理平治'的'群居和一'之道——礼义法度上，合于礼义法度即是善，悖于礼义法度便是恶。"①

　　还有学者从学派关系的角度，来探讨孟荀人性论产生分歧的原因。方尔加认为：首先，荀子受法家的影响很大，且曾担任行政职务；其次，荀子在实践中看到了德教的局限性；最后，荀子意识到内心之善在实际运行中不一定能产生善的效果。荀子由此得出了迥然不同于孟子的结论。②

（七）学术界对《中庸》人性论的研究

　　《中庸》一书，相传为子思所作。据《史记》载："子思作《中庸》。"《隋书·音乐志》引沈约云："《中庸》《表记》《缁衣》，皆取自《子思子》。"唐李翱《复性书》云："子思，仲尼之孙，得其祖之道，述《中庸》四十七篇。"③朱熹亦云："《中庸》何为而作也？子思子忧道学之失其传而作也。"④

　　有学者认为，《中庸》并非子思作品。首先提出质疑的是欧阳修，他称："礼乐之书散亡，而杂出于诸儒之说，独《中庸》出于子思。子思，圣人之后也，所传宜得其真，而其说有异乎圣人……故予疑其传之谬也。"⑤此后，叶适、陈善、王柏、袁枚、崔述等亦质疑子思作《中庸》之说。袁

---

① 路德斌：《荀子与儒家哲学》，济南：齐鲁书社，2010 年，第 143 页。
② 方尔加：《儒家思想讲演录》，北京：东方出版社，2007 年，第 103—109 页。
③ 李翱：《复性书》上，周绍良主编《全唐文新编》第三部第三册，长春：吉林文史出版社，2000 年，第 7193 页。
④ 朱熹：《四书章句集注》，北京：中华书局，1983 年，第 14 页。
⑤ 欧阳修：《问进士策三首》，《欧阳修全集》，北京：中国书店，1986 年，第 327 页。

枚云："《论》《孟》言山皆举泰山，以其在邹鲁也。《中庸》独曰：'载华岳而不重。'子思足迹未尝入秦，疑此是西京人语。"崔述云："世传《戴记》《中庸》篇为子思所作，余按孔子、孟子之言，皆平实切于日用，无高深广远之言，《中庸》探赜索隐，欲极微妙之致，与孔孟之言皆不类，其可疑一也。《论语》之文简而明，《孟子》之文曲而尽。《论语》者，有子、曾子门人所记，正与子思同时，何以《中庸》之文独繁而晦，上去《论语》绝远，下犹不逮《孟子》，其可疑二也。'在下位'以下一六句，见于《孟子》，其文小异，说者谓子思传之孟子者，然孔子、子思之言多矣，孟子何以独述此语？孟子述孔子之言，皆称'孔子曰'，又不当掠之为己语也，其可疑三也。由是言之，《中庸》必非子思所作。盖子思以后，宗子思者之所为书，故托之于子思，或传之久而误以为子思也。"①

近代以来，不少学者对《中庸》的撰作年代与作者进行了深入的考辨。郭沫若先生坚持认为，《中庸》为子思所作。②李学勤先生在综合比较《中庸》与《性自命出》后提出，《中庸》出自子思。他说："这些竹简儒书与《中庸》有不少相通之处，如《性自命出》论及'性自命出，命自天降'，这与《中庸》'天命之谓性，率性之谓道'一致。《尊德义》的体例与《中庸》等也颇为近似。沈约说《中庸》取自《子思子》，而竹简中又有《鲁穆公问子思》，所以这些竹简儒书肯定都与子思有一定的学术关联，同时也证实了《中庸》一书出于子思。"③杨朝明先生也认为："实际上，子思作《中

---

① 崔述：《洙泗考信录》，北京：中华书局，1985年，卷三，第8—9页。
② 郭沫若：《十批判书》，北京：人民出版社，2012年，第104页。
③ 见李学勤：《先秦著作的重大发现》，《中国哲学》第二十辑，沈阳：辽宁教育出版社，1999年。

庸》应该是没有问题的。"①

钱穆、牟宗三、唐君毅等诸位先生均认为，《中庸》的成书年代较晚。如钱穆先生认为，《中庸》受道家天人合一思想的影响，其时代当晚于子思。②牟宗三先生认为《中庸》在时间上后于《孟子》。③唐君毅先生认为《中庸》成书在《庄》《荀》之后。④

也有学者以为，《中庸》部分为子思所作。如冯友兰将第二章至第二十章的上半段定为一部分，为子思所作，其余部分为孟子后学所作。徐复观将《中庸》第一章至第二十章上半段定为一部分，为子思所作；其余部分为子思后学所作。郭沂认为，今本《中庸》中有"子曰"的部分为"《论语》类文献"，为子思所记孔子的言论；其余部分为一部独立著作——《天命》，为子思著作。⑤梁涛认为，今本《中庸》包括《中庸》和《诚明》两个部分，其中，《中庸》包括第二章到第二十章上半段"所以行之者，一也"，是对孔子言论的记述；《诚明》包括第一章以及第二十章"凡事豫则立"以下，为子思所作的议论。⑥

《中庸》中对人性之描述，向来为人所重视。唐君毅将《中庸》之人性

①　杨朝明：《儒家文献与早期儒学研究》，齐鲁书社，2002年，第234页。

②　钱穆：《〈中庸〉新义申释》，《中国学术思想史论丛》卷二，北京：三联书店，2009年，第68—86页。

③　牟宗三：《心体与性体》，台北：正中书局，1969年，第46—47页。

④　唐君毅：《中国哲学原论·原性》，北京：中国社会科学文献出版社，2005年，第38页。

⑤　郭沂：《〈中庸〉成书辨证》，《孔子研究》1995年第4期。

⑥　梁涛：《郭店竹简与思孟学派》，北京：人民大学出版社，2008年，第361页。

观概括为"即诚言性"①，并指出《中庸》之"尽性"与孟子之"尽心"的区别："人欲强恕而行，亦可由一直下对己心之反省，以知其性，以为其强恕之工夫之所据。是即亦可只言尽心，而不必更言尽性也。然《中庸》即人之能自诚之性以言性，则人虽已知求诚强恕，仍不同于其已尽此能自诚之性。故人即已有强恕之心，仍有诚不诚之问题在。此自诚之性，必须表现于时时之择善而固执之，以去一切间杂之不善；而人于其求自尽其心之继续不已之无穷历程中，乃恒见有未能自尽而当尽者在，故必须言尽性。是见《中庸》之尽性，与孟子之尽心，正不必全同其旨。"②

冯友兰认为："《易传》及《中庸》所说，与孟子所说，意思相同。率性就是顺性，顺性而行，就是人道。性是天之所命，道就只是率性。如此说，则人道也就是天道，人德也就是天德。《中庸》说'达天德'。知人德只是人德底人，其境界只可以是道德境界。知人德也是天德底人，其境界才可以是天地境界。"③

范寿康认为，子思之《中庸》"把诚一面看作是天道，一面又看作是人性，他把天人合一的思想发挥得格外透彻，这在儒家对抗当时的筮人派（道家的前身）上，是极有功绩的。儒家思想到了子思可以说更受了一次深化，儒家到了子思也具有一种比较明显、比较充实的形而上学。不过子思的思想在于人生哲学方面大有缺点。他一方面承认世界上有生知安行的

---

① 唐君毅：《中国哲学原论·原性》，北京：中国社会科学文献出版社，2005 年，第 38 页。

② 唐君毅：《中国哲学原论·原性篇》，北京：中国社会科学文献出版社，2005 年，第 41 页。

③ 冯友兰：《新原道》，《三松堂全集》第五卷，郑州：河南人民出版社，2001 年，第 71 页。

人，一面却又主张教育修养的必要。这种理论，由我们看来是颇难自圆其说的"。①

钱穆指出，《中庸》的人性思想是"德性一元论""德性宇宙论"，是用德性一元论的观点来求人生界与宇宙界之合一。②

傅斯年指出："'天命之谓性'者，谓人所禀赋受之于天，此以天命释性，明著其为一事。此解近于古训，古训'性'即'生'也，然亦有违于古训处，此所谓'命'，非谓吉凶也，祸福也。'率性之谓道'者，率，循也，遵也。言遵性而行者谓之道，此解差近于孟氏。'修道之谓教'者，修，治也。夫言道之待治，治之在教，则又近于荀子矣。"③

许抗生认为，孔子之后，儒家在人性论上有两条发展路向：一条主张自然人性说，从《性自命出》、告子至荀子；一条主张社会伦理人性说，从《五行》篇到孟子。《中庸》则处于两者之间，它一方面接受了《性自命出》的以情释性说，另一方面又把"中庸"和"诚"视作人性中的道德性，因此又倾向于主张社会伦理人性说。④

梁韦弦认为，《中庸》之"自诚明，谓之性""尽性"等均为性善论的观点。而郭店简《性自命出》以源自人性的正确"心术"为'人道'，言"唯性爱为近仁"，言"未教而民恒，性善者也"，亦是性善论的观点。⑤

---

① 范寿康：《中国哲学史通论》，北京：三联书店，1983 年，第 76 页。

② 钱穆：《中国学术思想史论丛》，合肥：安徽教育出版社，2004 年，第 15—38 页。

③ 傅斯年：《性命古训辨证》，上海：上海古籍出版社，2012 年，第 37—64 页。

④ 许抗生：《〈性自命出〉〈中庸〉〈孟子〉思想的比较研究》，《孔子研究》2002 年第 1 期。

⑤ 梁韦弦：《〈中庸〉与郭店简〈性自命出〉篇的人性论》，《聊城大学学报（社会科学版）》2006 年第 2 期。

陈满铭认为,《中庸》继承了孔子仁、智对显的传统,并且将周初即已发端的天命下贯思想用"天命之谓性"贯穿起来①:"《中庸》的作者很有次序地,先由首句点明'性'(包括知性与仁性)与'天'(包括精神与物质的关系),用'道'字把人类天赋之诚(安行天理)通往天赋之明(生知天理)的大门敲开;然后由末句点明'教'与'道'的关系,用'教'字把人类人为之明(困知、学知天理)迈向人为之诚(勉行、利行天理)的过道打通,而与人类天赋之诚与明连成一体。这样由上而下地逐层递叙,既为人类天赋之诚与明寻得了源头,也为人为之诚与明找到了归宿。"②

徐复观认为,《中庸》上篇"主要是解决孔子的实践性地伦常之教,和性与天道的关系"。而"下篇则是通过'诚者天之道也,诚之者人之道也'的观念,以解答性与天道的问题;更通过'诚者物之终始,不诚无物'的观念,以解答《中庸》与性命的问题"。

高柏园认为,《中庸》的思想旨在回答两个问题:其一:"孔孟所开启的心性论与道德学,不但要求个人的内圣修养,同时也企求外王事业之完成,进一步更期与整个天地宇宙相通。此即由仁之主观面进至客观面与绝对面,而此正可由《中庸》回应之。"③其二:"若就整个先秦思想史之发展而言,则《中庸》之形上思想,实可视为儒家面对道家形上思想之挑战而后有之回应。"④在此基础上,他进一步提出:"《中庸》最主要之问题,乃

---

① 陈满铭:《中庸思想研究》,台北:文津出版社,1980年,第66页。
② 陈满铭:《中庸思想研究》,台北:文津出版社,1980年,第176页。
③ 高柏园:《中庸形上思想》,台北:东大图书公司,1988年,第88页。
④ 高柏园:《中庸形上思想》,台北:东大图书公司,1988年,第88页。

在解决心性论、道德学与形上学之关系，并由道德形上学的角度加以重建。而此种形上学倾向并非偶然，吾人发现，《中庸》之所以提出此类问题，其主要之关怀并非是一知识理论的兴趣，而毋宁是一实践的要求所促成。"①

蒙培元认为："（其《性自命出》）中说道：'性自命出，命自天降，道始于情，情生于性。'这是最典型的儒家天人合一之说，与《中庸》很一致，只是《中庸》未讲'情'字，而《性自命出》突出了'情'字。《性自命出》又说：'凡人情为可悦也。苟以其情，虽过不恶；不以其情，虽难不贵。''悦'者，喜、好之义。这是说，凡人之情，是令人喜悦的。如果出于真情，虽有过失，却不是恶行；如果不出于真情，虽然可以做很难的事，却并不可贵。这里隐含着的意思是，人的情感是善的或可善的。正是这一点，与孟子之说十分相似。这同时也就证明，孟子所说的'情'，是情感无疑。"②

丁四新认为："《中庸》首章论喜怒哀乐之未发、已发，与《性自命出》心取性情的思想相通；然而《中庸》倡言中和之道，却是《性自命出》所没有的。由中和到中庸，虽然我们还不能断言《中庸》晚出于《性自命出》，却可以说《中庸》的思想比《性自命出》更丰富。《中庸》亦强调道不离人，与《性自命出》惟人道为可道的思想是相贯通的。"③

---

① 高柏园：《中庸形上思想》，台北：东大图书公司，1988年，第89页。
② 蒙培元：《蒙培元讲孟子》，北京：北京大学出版社，2006年，第158页。
③ 丁四新：《郭店楚墓竹简思想研究》，北京：东方出版社，2000年，第198页。

（八）学术界对郭店楚简《性自命出》人性论的研究

郭店简中的《性自命出》，被多数学者视作儒家文献。① 其中阐述的人性论观点，引起了学者们的广泛讨论。

庞朴认为，《性自命出》未讨论性善、性不善，似当时性善、性不善还未成为问题。② 对于"仁"的追求，《性自命出》呈现出向内求索的特点。③ 在庞朴看来："《性自命出》篇，其观点基本上是告子式的……四海同一的、能表现为喜怒哀悲之情的性，其为人的自然性，自无疑问。"④ 而其中所体现出的天人关系，也呈现出表面化的特征。因此，《性自命出》是杂有告子言性和孟子言性的特点的。

《性自命出》既有自然人性论的特征，又有孟子向内求"仁"的特征，因此，学界对于其学派归属颇有争议。

丁四新、郭齐勇、梁涛以《性自命出》为孟子心性论的先导。

丁四新认为："权衡子思与《性自命出》思想相近或相异的两种情况，似《性自命出》出自子思之手的可能性还是比较大的……从心性论的角度

---

① 陈来《郭店简可称"荆门礼记"》定《性自命出》为儒家文献。见陈来：《郭店简可称"荆门礼记"》，《人民政协报》，1998 年 8 月 3 日。李学勤《郭店简与礼记》认为郭店简《缁衣》等各篇，相当于小戴的"通论"一类。见《中国哲学史》1998 年第 4 期。丁四新《论郭店楚简"情"的内涵》定为儒家。参见丁四新：《论郭店楚简"情"的内涵》，《现代哲学》2003 年第 4 期。

② 庞朴：《孔孟之间》，《庞朴文集》第二卷《古墓新知》，济南：山东大学出版社，2005年，第 21 页。

③ 庞朴：《孔孟之间》，《庞朴文集》第二卷《古墓新知》，济南：山东大学出版社，2005年，第 18 页。

④ 庞朴：《天人三式》，《庞朴文集》第二卷《古墓新知》，济南：山东大学出版社，2005年，第 67 页。

及原始儒家学术思想的异同来看，思孟学派与世硕诸儒皆可能是《性自命出》的作者，其中子思或世子的可能性比较大。"①

郭齐勇认为，《性自命出》虽然认为性有善有不善，但同时又言性是天命的，"实际预涵了此能好人的、能恶人的'好恶'之'情'即是'仁'与'义'的可能"。②这与孟子的观点是接近的。除此之外，《性自命出》还申言笃诚之爱、真情真性是仁爱、存心养性等。这些主张与孟子的主张也是相似的。可见郭店简中"性与天道"的学说是孟子心性论的先导和基础。

梁涛认为："竹简的内容主要是自然人性论，但已出现向道德人性论的转化。"③并且，竹简的心性论更接近于孟子。但他同时指出："我们说竹简的心性论更倾向以后的孟子，并不意味着竹简已经包含孟子思想中的一切。其实，从竹简到孟子，还有相当一段距离要走。孟子提出'四心'说，突出恻隐、羞恶、是非、辞让四种道德情感的地位和作用，固然是延续了竹简下篇的思想，但他又认为通过后天的扩充、培养，恻隐、羞恶、是非、辞让之心可以上升为普遍的仁义礼智之性，并上达天道。这样，在孟子那里，就不仅仅是情感的问题，同时还涉及道德理性，甚至形上本体。"关于荀子人性论与《性自命出》人性论的关系，梁涛认为："荀子思想虽然也与竹简有许多相近之处，如自然人性论、认知心等，但这些往往是早期儒学普遍接受的内容，而在对待人性和情感的态度上，荀子与竹简则显然已有所不同；至于竹简突出道德情感，赋予其道德实践中的创造性，则更是为

① 丁四新：《郭店楚墓竹简思想研究》，北京：东方出版社，2000年，第209页。
② 郭齐勇：《郭店儒家简与孟子心性说》，《武汉大学学报》1999年第5期。
③ 梁涛：《郭店竹简与思孟学派》，北京：人民大学出版社，2008年，第148页。

荀子所反对和不能接受。所以，荀子与竹简的联系是表层的，差别则是深层的，而竹简不能被荀子接受的内容，却在孟子那里得到进一步发展。"①

也有学者认为，《性自命出》之人性论与荀子接近。

陈光连认为："荀子和郭店简都全面继承和发展了孔子的思想，认为个人社会的品性是教化习养而成的；人之初处于本能自然状态下的人性，必然接受后天良好的教习，才能由蒙昧生发出德善之质。从以上成德思维也可以推断出，不能把竹简归属于思孟学派。"②因此，从成德进路上来看，《性自命出》应属荀子系统。

颜炳罡认为："《性自命出》主要是围绕情、性为中心所展开的哲学说明，而不是强调性自命出。我们认为子思说可能性最小，因为从该篇对性本质的说明看，它所说的性不是道德之性……从其认为性可动、可交、可逆、可绌、可长等来看，与荀子对治性的手段——化与积完全相通，由此我们认为，该篇文献可能属于荀子系统……仲弓氏之儒最有可能是该文献的作者。"③

也有学者认为，《性自命出》之人性论与告子相近。

陈来认为《性自命出》乃"以气论性"："《性自命出》主张命自天降、性自命出、情出于性、道始于情；认为天所赋予的是性，性就是天生的好恶，就是人内在的喜怒哀乐之气；喜怒哀乐之气表现于外，便是情，情合于中节便是道。这种以生之自然为性的看法，还是接近于自然人性论，其

---

① 梁涛：《郭店竹简与思孟学派》，北京：人民大学出版社，2008年，第156页。
② 陈光连：《荀子"分"义研究》，南京：东南大学出版社，2013年，第107页。
③ 颜炳罡：《郭店竹简〈性自命出〉与荀子的性情哲学》，《中国哲学史》2009年第1期。

哲学的思考基本上是'以气论性'而不是以理为性的进路。"① 因此，"《性
自命出》篇没有人之性皆善的思想"。② 关于性情之间的关系，陈来指出：
"性自命出的观点应当是以好恶为情，以好恶之情根本于性。由此我们可以
推断，古代最早的人性论是性情不分，以好恶之情为性，以喜怒哀乐为性，
把人的情欲和感情现象直接当作人的与生俱来的特质。进一步的发展则以
好恶之情根于性，以喜怒哀乐之气为性，把内在的本性和发见的情感分别
开来。"③

　　朱心怡认为，《性自命出》中无论是性情论还是对仁义的阐述，都是接
着孔子讲的。其思想与思孟体系有相当的差异，反而与告子以性为自然之
性，主张仁内义外的思想相近。④

　　许抗生认为，《性自命出》之人性论，开《中庸》和《荀子》论性之先
河。《性自命出》以情释性，提出了"喜怒哀悲之气，性也"的思想。《中
庸》受其影响，也以情释性，以喜怒哀乐的情之未发，处于不偏不倚的中
态为性。许抗生先生一方面认为，《性自命出》与《中庸》存在渊源关系；
另一方面指出，《性自命出》、告子的以生理心理情感欲望释性，最后为荀
子所继承，提出了人性恶的思想，从而形成了战国时期在人性论上的两条

　　① 陈来：《郭店楚简〈性自命出〉与儒学人性论》，《竹帛〈五行〉与简帛研究》，上海：
三联书店，2009年，第76页。
　　② 陈来：《郭店楚简〈性自命出〉与儒学人性论》，《竹帛〈五行〉与简帛研究》，上海：
三联书店，2009年，第88页。
　　③ 陈来：《郭店楚简〈性自命出〉与儒学人性论》，《竹帛〈五行〉与简帛研究》，上海：
三联书店，2009年，第79页。
　　④ 朱心怡：《天之道与人之道——郭店楚简儒道思想研究》，台北：文津出版社，2004
年，139页。

不同的发展路向。① 换言之，《性自命出》开《中庸》和《荀子》论性之两端，对二者都有巨大的影响。

还有学者从"气"这一思想因素入手，对《性自命出》之人性论进行了分析。如李锐认为，《中庸》和《性自命出》所讲之性是自然人性论，与善恶无关。《中庸》说："成己，仁也；成物，知也，性之德也。"是就性的功能、结果来说德性。《性自命出》主要讲"成己"的一面，以道义为指归，其结果也可以说是德性。② 郭振香也从"气"的角度，对《性自命出》之人性论进行了分析③。

（九）《性自命出》与《中庸》人性论关系研究

郭店楚简《性自命出》对天、命、性的描述与《中庸》极为相似，由此引发学界对二者关系的思考。

丁四新认为，子思之《中庸》比较重礼，《性自命出》则礼乐皆重，甚至有偏重于乐的倾向。对儒家伦理的具体德目（如仁义忠信恭敬等），二书皆有条贯。不过就"信"德来说，《中庸》虽有所强调，但远不及在《性自命出》中的地位重要。④

张茂泽认为，《性自命出》的心理心和《中庸》"至诚"本心不同，其"气性"论和《中庸》"德性"论也不同。从心性论角度看，《性自命出》不

---

① 许抗生：《〈性自命出〉〈中庸〉〈孟子〉思想的比较研究》，《孔子研究》2002 年第 1 期。

② 李锐：《孔孟之间"性"论研究——以郭店简、上博简为基础》，清华大学博士论文，2005 年。

③ 郭振香：《先秦儒家情论研究》，合肥：安徽大学出版社，2011 年，第 98 页。

④ 丁四新：《论〈性自命出〉与思孟学派的关系》，《中国哲学史》2000 年第 4 期。

属于思孟一派，更接近于荀子。①

　　丁为祥则认为，《性自命出》是由孔子到《中庸》《孟子》的中间环节。它虽然没有提出普遍的性善论，却指出了一种"未教而民恒"的"性善"指向。而《中庸》与《孟子》则在《性自命出》的基础上，发展出普遍的性善论。②

　　梁涛认为，《中庸》为子思所作，不宜轻易否定。《中庸》中"子曰"的部分与"诚明"的部分，与子思所作之《缁衣》《五行》在类型上是对应的，均反映出子思学说前期祖述孔子，后期自为立说的特征。③关于《中庸》与《性自命出》的关系，梁涛认为："《诚明》的天具有明显的道德属性，所谓'诚者，天之道也'，故已具有性善的思想，认为'自诚明，谓之性'，性具有善的功能与作用。但又同时保留了自然人性的思想，认为'喜怒哀乐之未发，谓之中；发而皆中节，谓之和。中也者，天下之大本也；和也者，天下之达道也'。由于喜怒哀乐之性来自天命，在其未与外物接触，表现于外时，是恰到好处，又和谐的秩序。这与前面的'天地之性'及竹简的思想有某种联系。"④可见，在梁涛看来，《性自命出》与《中庸》兼有道德人性和自然人性的特征，二者应存在一定的渊源。

　　庞朴在《天人三式》中提出，《性自命出》与《中庸》的"天命之谓性"所反映的天人关系并不相同。《性自命出》之天人关系是表面的，人

---

① 张茂泽：《〈性自命出〉篇心性论大不同于〈中庸〉说》，《人文杂志》2000年第3期。
② 丁为祥：《从〈性自命出〉看儒家性善论的形成理路》，《孔子研究》2001年第3期。
③ 梁涛：《郭店竹简与思孟学派》，北京：人民大学出版社，2008年，第361页。
④ 梁涛：《郭店竹简与思孟学派》，北京：人民大学出版社，2008年，第148页。

之性与天实际上是没有关系的。① 但庞朴又在《孔孟之间》中指出，《性自命出》具有内向成德的特征，从这一点来看，《性自命出》又与《中庸》相似。

崔秀军认为，《中庸》之人性论更注重为人性修养建立形上根据，它是通过天与人性的贯通和天的价值意义的重建实现的。这种形上本体具有多重内涵，主要包括：天—道—性—命—教的一体贯通、中和、至诚无息、至诚如神等内容。而这样一种理论倾向必然得出德福一致的结论。《中庸》的人性修养方法，主要有慎独与戒慎恐惧、自明诚、致曲与博学审问慎思明辨笃行、五达道三达德等。所有这些，说到底就是一种护持人性本真，以防其放失、异化的努力，这与西方存在哲学关注的问题有重合之处，但两者对人性本真的看法则有着根本的差异。《中庸》的修养目标是成己与成物，即内在的中和本性向外展开，成就自身的君子气象，实现天下国家的德性治理，最终达到天地位，万物育。而《性自命出》则直接建立起天—命—性—情—道这一完整的逻辑结构，但是由于郭店竹简所处的过渡阶段的限制，不管是"天"的概念还是"性"的概念，都还存在多义与含混的特点，它们到了《中庸》那里，才变得明晰起来。②

（十）民性论

《左传》《逸周书》等传世文献中，"民性"出现数次。新发现之简帛中，也有关于"民性"的内容。如上博简《孔子诗论》等。

徐复观先生认为，子产之"夫礼，天之经也，地之义也，民之行也。

---

① 庞朴：《天人三式》，《庞朴文集》第二卷，济南：山东大学出版社，2005年，第61页。
② 崔秀军：《〈中庸〉人性论研究》，湘潭大学硕士论文，2011年。

天地之经，而民实则之。则天之明，因地之性，生其六气，用其五行。气为五味，发为五色，章为五声。淫则昏乱，民失其性。是故礼以奉之"（《左传·襄公十四年》），可看作人性论的萌芽。子产认为，天地之性是爱民，是礼，则人之性也不能不是爱民，不能不是礼。①

庞朴先生认为，《孔子诗论》中"民性"之"性"，不是指性善、性恶那样的人性，而是刚柔缓急之类的血气心知之性。廖名春认为，所谓"民性"之"性"，是人的一种自然情感，与郭店简之喜怒哀悲之性是相通的。许抗生认为，孔子是"从思维法则、爱憎心理、借用语言表达思想和追求爵禄四个方面讨论了共同的人性。可见，孔子尚没有像孟子那样，把人的道德心当作人所固有的本心"。上述学者均认为《孔子诗论》中之"性"，指血气心知之性。②晁福林先生则从性与礼的关系入手，对民性作出勾勒。他指出民性固有对于和谐、信的追求；肯定了礼的社会实践对于民性的影响。③李锐认为，孔子所说的"民性"，并不直接和礼仪相关，从而具有社会性，也不完全是自然人性。孔子其实是从人类朴素的感情中升华出人对于礼仪的需要来。因此，《孔子诗论》中的"民性固然"，只是孔子由《诗》识礼的一个凭借。④

---

① 徐复观：《中国人性论史》，北京：九州出版社，2014年，第54页。

② 见庞朴：《上博藏简零笺》，上海大学古代文明研究中心、清华大学思想文化研究所编《上博馆藏战国楚竹书研究》，上海：上海书店出版社，2002年，第138—239页。廖名春：《上博简〈关雎〉七篇诗论研究》，《中州学刊》2002年第1期。许抗生：《谈谈〈孔子诗论〉中的性、命思想》，《国际简帛研究通讯》第2卷第4期。

③ 晁福林：《上博简〈诗论〉研究》，北京：商务印书馆，2014年，第279—283页。

④ 陈慧、廖名春、李锐：《天、人、性：读郭店楚简与上博竹简》，上海：上海古籍出版社，2014年，第161页。

综上所述，学术界已从多个角度对孟子、荀子人性论的内涵进行了全面深入的探讨，但是对于孔子人性论，由于材料局限，争论尚多。郭店简《性自命出》等出土文献打开了一扇通往先秦思想世界的大门，但遗憾的是，学界多聚焦于其学派归属，很少将其放在整个儒家学派纵向发展的坐标系中考察其历史地位。对于儒家人性论的起源与发展趋势，学界讨论亦不够深入。有鉴于此，本书将着力探讨先秦儒人性论的产生背景，发展脉络与趋势。

第一章　春秋时期人性观念的形成

西周时期，"人性"观念虽然尚未产生，但当时的诸多思想因素已经为人性观念的产生提供了条件。西周时，"生"与"命"字已颇为流行。"生"字逐渐发展出接近于"性"的意义。"命"字与"天"连缀，与"德"互为表里，形成了以"德"为核心、以"天"为周天子生命与道德源头的天命观，为后世"命"字发展出"自然生命"与"道德生命"的含义奠定了基础。而西周时期，人们对祖先德行的崇拜，又为时人构建出一个可资效仿的理想人格，为后世理想人格的进一步发展奠定了基础。因此可以说，西周时期是人性观念的孕育期。

春秋时期，人性观念正式登场。这一时期，在经验层面，知识阶层对人之共性、独特性的认识，已经触及"人是文化的存在""人是社会的存在"的命题，且生发出人非生而完成，需待后天发展才能成人的思想。而随着"性"字的流行，士大夫阶层对"人性"也有了更为丰富的认识，为战国诸子的进一步提炼与升华提供了思想基础。

第一节　春秋时期士大夫阶层对"人"的认识

人对自身的认识，是在漫长的生活实践中逐步丰富和深化的，即"人"是一个在历史中形成、发展和完善的观念。[①] 据晁福林先生的研究，在远古时代，人尚没有将"人"自身与自然界区别开来，"人"隐于自然中。夏、商、周时期，社会组织皆以"族"为基本单位，"人"的观念则隐于"族"中。[②] 人的姓名，往往是族称、人名甚至地名的合一，指的是"族"而非单个的"人"。只有氏族部落首领，才作为"予一人"出现。西周时期，"人"的观念突破了之前"只见森林不见树木"的局限，开始注重于群体的内部分野；"人"的使用范围进一步扩大，"人"被用于官称，出现了冠以地域之名或以隶属关系为区别标准的"人"称，出现了"庶人""民"等关于"人"的普遍性称谓。[③]

春秋时期，"人"这一概念已经成为人之通指。从《左传》《国语》来看，当时少数民族也被称作"人"，如狄人、夷人、舒鸠人等；不同地域的人会以地名加"人"来做自我介绍，如绛人等；祖先称先人，生人称未亡人；国中之人称国人，与国人相对应者为野人。还出现了前冠以道德、能力或非道德形容词的"人"，如善人、贤人、谗人等。此外，还有"民""人"连用泛指人者。如"亲其民人"等。可以说，春秋时期，"人"

① 晁福林：《认识"人"的历史——先秦时期"人"观念的萌生及其发展》，《天命与彝伦：先秦社会思想探研》，北京：北京师范大学出版社，2012 年，第 321 页。

② 晁福林：《认识"人"的历史——先秦时期"人"观念的萌生及其发展》，《天命与彝伦：先秦社会思想探研》，北京：北京师范大学出版社，2012 年，第 321 页。

③ 以上内容参见晁福林：《认识"人"的历史——先秦时期"人"观念的萌生及其发展》，《天命与彝伦：先秦社会思想探研》，北京：北京师范大学出版社，2012 年，第 321 页。

已经成为人之通指。

春秋时期，在"人"观念扩大的同时，人们对于"人"的认识也在逐渐加深。细审反映这一时期社会历史的文献可知，士大夫阶层对于"人"已经有了深刻的认识。具体表现为对于类别的人或普遍的人的共性的认识，对于人区别于其他动物的独特性的认识，对于人之个体差异的认识，对于人之后天发展特点的认识等。

一、对人的共性与差异性的认识

首先，对于类别的人的共性的认识。

《国语》中有"沃土之民不材，逸也；瘠土之民莫不向义，劳也"①之语，韦昭注"沃"为"肥美"；"不材"为"器能少"。这句话将民分为沃土之民和瘠土之民两类，并认为沃土之民器能少，瘠土之民向义，将两类民的共性揭示了出来。"夫小人之性，衅于勇，啬于祸，以足其性，而求名焉者"，这是对于小人之共性的认识。在言说者看来，小人之性鲁莽而怕事，乐于求名。"夫膏粱之性难正也，故使惇惠者教之，使文敏者导之，使果敢者谂之，使镇静者修之"，这是对肉食者共性的认识。肉食者禀性难正，故需文敏者、果敢者、镇静者教育之。

其次，对于人的共性的认识。

如"人之爱人，求利之也"。②此语乃子产针对子皮任命尹何为家邑之

---

① 《国语·鲁语下》。《国语》，上海：上海古籍出版社，1978 年，第 205 页。
② 《左传·襄公三十一年》。阮元校刻：《十三经注疏·春秋左传正义》，北京：中华书局，1980 年，第 2016 页。

宰而言，显示出子产对人普遍具有爱人之心的肯定，和对人普遍具有爱而利之之心的肯定。昭公十年，陈桓子联合鲍氏击败栾、高，并分得栾、高之家产。晏子恐因财物引起争端，于是以"凡有血气，皆有争心，故利不可强"①来劝陈桓子将所得交给齐景公。此处之"有血气"者，即指人。故"凡有血气，皆有争心"反映出晏子对于人普遍具有争利之心的认识。楚灵王闻太子禄及公子罢敌被蔡公所杀，悲愤中自投于车下，曰："人之爱其子也，亦如余乎？②这句话显示出楚灵王对人普遍具有血亲之爱的认识。"思乐而喜，思难而惧，人之道也"③，乃是邮无正劝诫赵简子无杀尹铎之语。这句话显示出邮无正对于人普遍具有的情绪以及情绪的发作是有一定认识的。

最后，先秦时人在认识到人之共性的同时，也意识到了人之差异性。如"人心之不同，如其面焉，吾岂敢谓子面如吾面乎""天有十日，人有十等""君子务治而小人务力""夫戎狄冒没轻僬，贪而不让，其血气不治，若禽兽焉"等④，分别从人心、等级、族类三个方面对人作出区分。而"逸人""善人""贤人""圣人""辟邪之人"等称谓，亦显示出春秋时人对人之差异性的认识。

---

①《左传·昭公十年》。阮元校刻：《十三经注疏·春秋左传正义》，北京：中华书局，1980年，第2058页。

②《左传·昭公十三年》。阮元校刻：《十三经注疏·春秋左传正义》，北京：中华书局，1980年，第2069页。

③《国语·晋语》九。《国语》，上海：上海古籍出版社，1978年，第491页。

④《左传·襄公三十一年》。阮元校刻：《十三经注疏·春秋左传正义》，北京：中华书局，1980年，第2016页。

二、对人之独特性的认识

除了对人之共性的认识外，春秋时人对人区别于动物的独特性也有了深刻的洞察，并将人得以立足于社会的素质视作人所独有的特性。如"礼"与道德就被认为是人应当普遍具有的、区别于动物的特征。

据《左传》记载，孟僖子将死，召其大夫曰：

礼，人之干也。无礼，无以立。吾闻将有达者，曰孔丘，圣人之后也，而灭于宋。其祖弗父何，以有宋而授厉公。及正考父，佐戴、武、宣，三命兹益共。故其鼎铭云："一命而偻，再命而伛，三命而俯。循墙而走，亦莫余敢侮。饘于是，鬻于是，以糊余口。"其共也如是。臧孙纥有言曰："圣人有明德者，若不当世，其后必有达人。"今其将在孔丘乎？我若获没，必属说与何忌于夫子，使事之，而学礼焉，以定其位。[①]

孟僖子临终前的此番嘱托，显示出他对于礼之重要性有着深刻的认识，并将礼视作人立身之本。

而礼背后所蕴含的道德因素，也受到了春秋时人的普遍关注，道德为立身之本的观念开始流行。据《左传》载，郤锜听闻晋厉公将杀三郤，欲先发制人，攻击晋厉公，郤至曰："人所以立，信、知、勇也。信不叛君，知不害民，勇不作乱。"[②]郤至此言表明，他将信、知、勇等社会准则当作人立足社会的必要因素。信、知、勇在某种程度上成为人而为人之必要条

---

① 《左传·昭公七年》。阮元校刻：《十三经注疏·春秋左传正义》，北京：中华书局，1980 年，第 2051 页。

② 《左传·成公十七年》。阮元校刻：《十三经注疏·春秋左传正义》，北京：中华书局，1980 年，第 1922 页。

件，同时也成为人之独特性。又据《国语》记载，晋武公伐翼时，曾劝说栾共子不要追随先君赴死，而栾共子回答道："成闻之：'民生于三，事之如一。'父生之，师教之，君食之。非父不生，非食不长，非教不知生之族也，故壹事之。唯其所在，则致死焉。报生以死，报赐以力，人之道也。"①在这里，栾共子将知恩图报视为做人的基本要求。

此外，亲情情感体验也被视为人区别于动物的特性。如前文所引楚灵王"人之爱其子也"之言。

三、对人之后天发展的认识

春秋时期，人们开始关注人在后天的发展情况，并且认识到人通过教与学可以自立、成人。

首先，"成人"概念被赋予以道德品质的内涵，开始为人所重。

（子大叔）对曰："礼，上下之纪，天地之经纬也，民之所以生也，是以先王尚之。故人之能自曲直以赴礼者，谓之成人。"②

献子曰："戒之，此谓成人。成人在始，始与善，善进善，不善蔑由至矣；始与不善，不善进不善，善亦蔑由至矣。……人之有冠，犹宫室之有墙屋也，粪除而已，又何加焉？"③

---

① 《国语·晋语》。《国语》，上海：上海古籍出版社，1978 年，第 251 页。
② 《左传·昭公二十五年》。阮元校刻：《十三经注疏·春秋左传正义》，北京：中华书局，1980 年，第 2108 页。
③ "成人在始，始与善，善进善"，据徐元诰《国语集解》本。各本均作："成人在始与善，始与善，善进善。"据徐说，各本"与善"二字衍，当作"成人在始。始与善，善进善"。参见徐元诰撰，王树民，沈长云点校：《国语集解》，北京：中华书局，2002 年，第 388 页。

在第一条材料中，子大叔认为，礼是天地之准则，亦是民之所以生之根据，为先王所崇尚。因此，能够自觉修正自身的行为，以符合礼的规范的人，可谓"成人"。

第二条材料出自《国语·晋语·赵文子冠》。韩献子认为，美德才是"成人"最重要的标志。

值得注意的是，此两处之"成人"，并非指生理意义上之"成人"，而是指能够主动遵循社会准则——礼、善等要素的人。人并非生而完具，故要重视后天的道德品质修养问题，道德品质也成为衡量是否"成人"的标准。

其次，"学"与"教"被视为人在后天成长过程中维护与提升自身生命价值、地位的必要手段。

据《左传·昭公十八年》记载，闵子马听闻原伯鲁不悦于学，叹曰："夫学，殖也。不学，将落，原氏其亡乎！"孔颖达疏曰："夫学如殖草木也令人日长日进，犹草木之生枝叶也；不学则才知日退，将如草木之坠落枝叶也。"① 又据《国语·晋语·范献子戒人不可以不学》载，范献子因在鲁聘问时不知避鲁先君之讳，而感慨道："人不可以不学。吾适鲁而名其二讳，为笑焉，唯不学也。人之有学也，犹木之有枝叶也。木有枝叶，犹庇荫人，而况君子之学乎！"② 范献子亦认为，人若不学，则不足以庇身。

又据《国语·晋语·胥臣论教诲之力》记载，晋文公问胥臣："然则教无益乎？"胥臣对曰："胡为文，益其质。故人生而学，非学不入。"③ 可见在胥臣眼中，教与学在人的后天发展中都扮演了重要的角色，具有发掘人之

---

① 杨伯峻：《春秋左传注》，北京：中华书局，2009 年，第 1398 页孔注。
②《国语·晋语》，《国语》，上海：上海古籍出版社，1978 年，第 487 页。
③《国语·晋语》，《国语》，上海：上海古籍出版社，1978 年，第 387 页。

天赋的作用。

最后，春秋时人对环境对人的影响也有所认识。前文所述之"沃土之民不材，逸也；瘠土之民莫不向义，劳也。夫民劳则思，思则善心生。逸则淫，淫则忘善，忘善则恶心生"，即是明证。

四、小结

春秋时人对"人"的认识，已经为战国诸子讨论人性准备了条件。首先，春秋时人对人之共性的认识，表明他们已经有了人属同类的思想，这种思想正是讨论人性论的前提。其次，春秋时人将人优于禽兽之处拈出，其实已经意识到了"人是文化的存在""人是社会的存在"，触及了"人之所以为人"这一命题。最后，人非生而完具，需待后天发展才能成人的思想，说明春秋时人已经意识到"自然似乎并没有把他铸成就将其放到世界中，自然没有作出关于他的最后决定……因此，人必须独立地完善他自己……必须试图依靠自己的努力解决他那专属于他自己的问题"。[1]

第二节 《左传》《国语》中的"性"与人性观念

周初文献《尚书》"八诰"之一的《召诰》中出现"节性"一词，《诗经》中有"俾弥尔性"之语。这两处之"性"，多数学者认为与"生"是相通

---

① 米夏埃尔·兰德曼著，张乐天译：《哲学人类学》，上海：上海译文出版社，1988年，第202页。

的，主要指人生而即有的情感、欲望以及官能能力。"节性"一词，有节制人性中之情感、欲望之意。"弥性"指满足人性的需求。"节性""弥性"之类的说法表明，周人已经认识到人性既需要被满足，也需要被限制。应当说，这是周人对人性的基本认识。春秋时期，"性"字开始流行，《左传》《国语》中关于人性的论说，在一定程度上为儒家人性学说的产生奠定了基础。①

一、《左传》《国语》中之"性"字

西周时期，"生"字广为流行；西周末期，"性"字开始出现。"生"与"性"二字往往通用。如《尚书·召诰》之"节性"②和《诗经》之"俾弥尔性"③，这两处"性"字，均与"生"相通。"节性"之"性"，黄式三《尚书启蒙》、傅斯年《性命古训辨证》、屈万里《尚书释义》、刘起釪《尚书校释译论》等，均解作"生"。日本学者池田末利也认为，"节性"之"性"并不具有根源性的意义。④《诗经》之"俾弥尔性"，郑笺将"性"释为"性命"，傅斯年、林义光将"弥性"释为"永生"⑤，王国维将"弥性"释为

① 关于《左传》《国语》中的人性观，参见郭倩：《〈左传〉中之"人性说"析论》，《史学史研究》2017 年第 4 期。

②《尚书正义》。阮元校刻：《十三经注疏》，北京：中华书局，1980 年，第 101 页。

③ 毛亨传，郑玄笺，孔颖达疏：《毛诗正义》。阮元校刻：《十三经注疏》，北京：中华书局，1980 年，第 277 页。

④ 池田末利：《"天道"与"天命"——神理论的发生》，张岱年等编：《中国观念史》，郑州：中州古籍出版社，第 219 页。

⑤ 傅斯年：《性命古训辨证》，台北：联经出版社，1980 年，第 217 页。林义光：《诗经通解》，上海：中西书局，2012 年，第 347 页。

"永命"。①

《左传》《国语》中的"性"字，一部分与"生"相通；另一部分表示"人生而即有的自然情感欲望""人在天地间自然的属性"等意义。

子产有"夫小人之性，衅于勇，啬于祸，以足其性，而求名焉者"②之语；叔向有"贤不肖，性夫"③之语。《国语·晋语四》有"利器明德，以厚民性"④之语。《左传·襄公十四年》有"天生民而立之君，使司牧之，勿使失性"⑤之语。"勿使失性"之"性"，应指"民性"。同理，"今宫室崇侈，民力凋尽，怨讟并作，莫保其性，石言，不亦宜乎？"⑥（《左传·昭公八年》）、"吾闻抚民者，节用于内，而树德于外，民乐其性，而无寇仇"⑦（《左传·昭公十九年》）、"先王之于民也，茂正其德而厚其性"⑧（《国语·周语上》）、"淫则昏乱，民失其性"⑨（《左传·昭公二十五年》）中之"其性"，均指"民性"。

以上"性"字，傅斯年先生认为均应释为"生"⑩；而徐复观先生认为，

① 王国维：《与友人论诗书中成语书》二，《观堂集林》卷二，北京：中华书局，1959年，第78页。

② 阮元校刻：《十三经注疏·春秋左传正义》，北京：中华书局，1980年，第1992页。

③《晏子春秋·内篇问下第四·叔向问事君徒处之义奚如晏子对以大贤无择第二十》，张纯一：《晏子春秋校注》，上海：世界书局，1935年，第114页。

④《国语·晋语四》，上海：上海古籍出版社，1978年，第371页。

⑤ 阮元校刻：《十三经注疏·春秋左传正义》，北京：中华书局，1980年，第1598页。

⑥ 阮元校刻：《十三经注疏·春秋左传正义》，北京：中华书局，1980年，第2052页。

⑦ 阮元校刻：《十三经注疏·春秋左传正义》，北京：中华书局，1980年，第2088页。

⑧《国语·周语上》，上海：上海古籍出版社，1978年，第1页。

⑨ 阮元校刻：《十三经注疏·春秋左传正义》，北京：中华书局，1980年，第2108页。

⑩ 傅斯年：《性命古训辨证》第三章、第四章、第五章，上海：上海古籍出版社，2012年，第37—64页。

"'性'字之含义，若与'生'之本义没有区别，则'生'字亦不会孳乳出'性'字"。因此，"性"指"生"抑或"性"，需要从语境中推断。[①] 我认为，以上诸"性"字，大部分与"生"相通。《左传·昭公八年》"莫保其性"[②]之"性"，杨伯峻注曰："性之言生也，莫保其生，言无人能保其生活或生存。"可见此处之"民性"，应指"民生"。《左传·昭公十九年》之"民乐其性"[③]，杨伯峻注云，此处"性"曰"生"。"民性"应为"民生"。《国语》中有"先王之于民也，茂正其德而厚其性"[④]"利器明德，以厚民性"[⑤]两语。徐元诰释前语曰："《文七年·左传》：'正德、利用、厚生，谓之三事。'杜预解'厚生'曰'厚生民之命'。此云'茂正其德'，即'正德'也；云'厚其性'，即'厚生'也。下云'阜其财求而利其器用'，即'利用'也；《成十六年》传曰：'民生厚而德正，用利而事节。'《襄二十八年》传曰：'夫民生厚而用利，于是正德以幅之。'《文六年》传曰：'时以作事，事以厚生。'皆其证也。"[⑥] 后语与前语大同小异，只是将"正德"改为"明德"、"利用"改为"利器"罢了。

《国语》《左传》中还有一部分"性"字，不能解作"生"。如《国语》之"夫人性，陵上者也，不可盖也"[⑦]"夫膏粱之性难正也"[⑧]。《左传》之"夫

① 徐复观：《中国人性论史》，北京：九州出版社，2014年，第5—11页。
② 阮元校刻：《十三经注疏·春秋左传正义》，北京：中华书局，1980年，第2052页。
③ 阮元校刻：《十三经注疏·春秋左传正义》，北京：中华书局，1980年，第2088页。
④《国语·周语》，上海：上海古籍出版社，1978年，第1页。
⑤《国语·晋语》，上海：上海古籍出版社，1978年，第371页。
⑥ 徐元诰：《国语集解》，北京：中华书局，2002年，第2页。
⑦ 单襄公语，出自《国语·周语》，上海：上海古籍出版社，1978年，第84页。
⑧《国语·晋语》，上海：上海古籍出版社，1978年，第434页。

小人之性，衅于勇，啬于祸，以足其性，而求名焉者"①"夫人性，陵上者也，不可盖也"。韦昭注后语曰："如能在人上者，人欲胜陵之也，故君子上礼让而天下莫敢陵也。"可见此处之"性"，指人生而即有之之倾向，不能解作"生"。韦昭注"夫膏粱之性难正也"②曰："言食肥美者，率多骄放，其性难正。"《左传·襄公二十六年》云："夫小人之性，衅于勇，啬于祸，以足其性，而求名焉者"③用"衅于勇，啬于祸"，来描述小人之性。可见此处"性"字，亦指人生而即有之之倾向。叔向之"贤不肖，性夫"④后，紧接"吾每有问，而未尝自得也"，可见此处之"性"，应指体悟为臣道德准则的才能。

《左传·襄公十四年》曰："天生民而立之君，使司牧之，勿使失性。有君而为之贰，使师保之，勿使过度……岂其使一人肆于民上，以从其淫，而弃天地之性？必不然矣。"⑤直接将民性与天地之性对举。有学者以"天地之大德曰生"来解释"天地之性"⑥，此论甚确。此处之"民性"应当是就民"天生地养"这一属性而言的，"性"应以本字解。

《左传·昭公二十五年》中之"民性"，亦当解作"性"。

据《左传》记载，子大叔曾与赵简子探讨揖让周旋之礼。子大叔曰：

---

① 阮元校刻：《十三经注疏·春秋左传正义》，北京：中华书局，1980 年，第 1992 页。
②《国语·晋语》，上海：上海古籍出版社，1978 年，第 434 页。
③《左传·襄公二十六年》。阮元校刻：《十三经注疏·春秋左传正义》，北京：中华书局，1980 年，第 1992 页。
④《晏子春秋·内篇问下第四·叔向问事君徒处之义奚如晏子对以大贤无择第二十》，张纯一：《晏子春秋校注》，上海：世界书局，1935 年，第 116 页。
⑤《左传·襄公十四年》。阮元校刻：《十三经注疏·春秋左传正义》，北京：中华书局，1980 年，第 1958 页。
⑥ 钱钟书：《管锥编》，北京：三联书店，1979 年，第 932 页。

"吉也闻诸先大夫子产曰：'夫礼，天之经也。地之义也，民之行也。'天地之经，而民实则之。则天之明，因地之性，生其六气，用其五行。气为五味，发为五色，章为五声，淫则昏乱，民失其性。是故为礼以奉之……好物，乐也；恶物，哀也。哀乐不失，乃能协于天地之性，是以长久。"[①] 其中"气为五味，发为五色，章为五声，淫则昏乱，民失其性"之"性"，固然隐含有"生"之自然生命意义，但滋味声色过度与民失其自然生命并无必然联系，故此处之"性"字，应作本字解。杜预注曰："滋味声色，过则伤民之性。"[②] "性"在此处表示民之合理的、适度的状态，故滋味声色过度会伤害民性。

需要指出的是，"民失其性"之"性"，是与"天地之性"之"性"相对而言的。因此，子大叔又曰"哀乐不失，乃能协于天地之性"。"哀乐不失"，故"民不失性"；而"民不失性"，才能"协于天地之性"。所谓"天地之性"，指天地生养万物、序列万物之功能，是天地之应然状态，不能理解为"天地之生"。故与之对应之"民性"，亦不能解作"民生"。

二、《左传》《国语》中之人性观

前文已述，《尚书》《诗经》中的"节性""弥性"充分表明，先秦时期，人们已经意识到人性包括了情感、欲望等因素，其既需要被满足，也需要被限制。《左传》《国语》中所蕴含的人性观念更为丰富，现择其要者，略述如下。

---

① 阮元校刻：《十三经注疏·春秋左传正义》，北京：中华书局，1980 年，第 2107 页。
② 杜预：《春秋左传集解》，上海：上海人民出版社，1977 年，第 1512 页。

《左传·襄公十四年》记师旷之言曰：

> 天生民而立之君，使司牧之，勿使失性。有君而为之贰，使师保
> 之，勿使过度……岂其使一人肆于民上，以从其淫，而弃天地之性？
> 必不然矣。①

师旷认为，天在赋予人民以生命的同时，也为人民设立了君王。君王的职责就在于管理人民，使人民不失去其性。

《左传·襄公二十六年》记子产之言曰："夫小人之性，衅于勇，啬于祸，以足其性，而求名焉者，非国家之利也。若何从之。"②在这里，子产将"小人之性"描述为逞勇怕祸。这意味着，春秋时人已经认识到人性有善有恶，既有小人之性，也有君子之性。

《左传·昭公二十五年》记子大叔之言曰："生其六气，用其五行……淫则昏乱，民失其性，是故为礼以奉之……哀乐不失，乃能协于天地之性。"③子大叔提出，应用礼来节制人民的欲望，从而使人民之性与天地之性相协调。

概言之，《左传》中的"性"字可分为两类：一类指人生而即有的自然情感欲望，另一类则指人在天地间自然的属性。

"性"字指人生而即有之情感欲望。如《襄公二十六年》记子产之言曰："晋、楚将平，诸侯将和，楚王是故昧于一来。不如使逞而归，乃易成

---

① 阮元校刻：《十三经注疏·春秋左传正义》，北京：中华书局，1980 年，第 1598 页。
② 阮元校刻：《十三经注疏·春秋左传正义》，北京：中华书局，1980 年，第 1992 页。
③ 阮元校刻：《十三经注疏·春秋左传正义》，北京：中华书局，1980 年，第 2108 页。

也。夫小人之性，衅于勇，啬于祸，以足其性而求名焉者，非国家之利也。若何从之？"此处之"性"，当从"性"之自然生命含义引申而来，指人生而即有之情感与欲望。性中的情感与欲望本无好坏之分，但若过度追求，就会逞勇怕祸、危害国家。可见，子产对小人之性的评价，是负面的。

《国语》中，也出现了对人性的负面评价。如《晋语七》记晋悼公任命公族大夫时所言："荀家惇惠，荀会文敏，黡也果敢，无忌镇静，使兹四人者为之。夫膏粱之性难正也，故使惇惠者教之，使文敏者导之，使果敢者谏之，使镇静者修之。惇惠者教之，则遍而不倦；文敏者导之，则婉而入；果敢者谏之，则过不隐；镇静者修之，则壹。"[①]在晋悼公看来，惇惠者可教育子弟以道艺，文敏者可引导子弟之志向，果敢者可告诫子弟以得失，镇静者可使子弟修身。韦昭注"膏粱之性难正也"曰："言食肥美者，率多骄放，其性难正。"由此可见，此处之"性"，以"骄放"为特征，需要通过教以道艺、导以志向、告诫以得失、督促其修身等来矫正之。上文所引子产与晋悼公之言充分表明，春秋时人已经认识到，在人生来即有的性格、特质中，包含有很多负面的因素。

"性"指人在天地间自然的属性。如《襄公十四年》记师旷之言曰："天生民而立之君，使司牧之，勿使失性。有君而为之贰，使师保之，勿使过度……岂其使一人肆于民上，以从其淫，而弃天地之性？必不然矣"。[②]《左氏会笺》释曰："天使君司牧斯民，而勿使民失其性，勿失性即若有恒

---

① 《国语·晋语》，上海：上海古籍出版社，1978年，第434页。

② 《左传襄公十四年》。阮元校刻：《十三经注疏·春秋左传正义》，北京：中华书局，1980年，第1958页。

性。"① 此处将民性与天地之性对举，认为民失其性则弃天地之性，则"民性"应指人在天地间自然的属性。

《昭公二十五年》中记述的子大叔所言之"性"，同样是指人在天地间自然的属性。

子大叔见赵简子，简子问揖让周旋之礼焉。对曰："是仪也，非礼也。"简子曰："敢问，何谓礼？"对曰："吉也闻诸先大夫子产曰：'夫礼，天之经也。地之义也，民之行也。'天地之经，而民实则之。则天之明，因地之性，生其六气，用其五行。气为五味，发为五色，章为五声，淫则昏乱，民失其性。是故为礼以奉之：为六畜、五牲、三牺，以奉五味；为九文、六采、五章，以奉五色；为九歌、八风、七音、六律，以奉五声；为君臣上下，以则地义；为夫妇外内，以经二物；为父子、兄弟、姑姊、甥舅、昏媾、姻亚，以象天明，为政事、庸力、行务，以从四时；为刑罚威狱，使民畏忌，以类其震曜杀戮；为温慈惠和，以效天之生殖长育。民有好、恶、喜、怒、哀、乐，生于六气，是故审则宜类，以制六志。哀有哭泣，乐有歌舞，喜有施舍，怒有战斗；喜生于好，怒生于恶。是故审行信令，祸福赏罚，以制死生。生，好物也；死，恶物也。好物，乐也；恶物，哀也。哀乐不失，乃能协于天地之性，是以长久。"简子曰："甚哉，礼之大也！"对曰："礼，上下之纪，天地之经纬也，民之所以生也，是以先王尚之。故人之能自曲直以赴礼者，谓之成人。大，不亦宜乎？"简子曰："鞅也，请终身守此言也。"②

---

① 竹添光鸿：《左氏会笺》，巴蜀书社，2008 年，第 1294 页。
② 阮元校刻：《十三经注疏·春秋左传正义》，北京：中华书局，1980 年，第 2107 页。

这是子大叔与赵简子关于礼的一段对话。子大叔从两个方面阐明了礼的重要性：一方面，礼为天地之准则，礼赋予天地以化生万物的能力；另一方面，礼具有规范人的行为和调节人伦关系的作用，唯有在礼的规范之下，人才能不失其性。此处之"性"，是指与天地之性相配合的理想化的人性。天拥有六气，地拥有五行，六气五行相互配合，共同起着赋予万物生命、养育万物的作用。不仅如此，天地的运行准则，还为人类社会提供了准则。天地的运行准则是礼，人类社会唯有在礼的规范之下，才能实现有序发展。可以说，天地之性在于化育并秩序万物，而人性在于接受天地之化育，并以天地运行的准则作为自己的行为准则。因此子大叔又曰："生，好物也；死，恶物也。好物，乐也；恶物，哀也。哀乐不失，乃能协于天地之性，是以长久。"在子大叔看来，人性的本质在于接受天地的化育与遵循天地的准则，是与天地之性相配合而存在的。天地之性保证了人性得以奉养不失，而人性又保证了天地化育并秩序万物之性不失。二者是一荣俱荣，一损俱损的。由此可见，子大叔所言之人性与师旷所言之人性，均是指一种理想化的人性，是顺应天地之性的。

由子大叔的描述可知，理想化的人性具有三个典型特征。

首先，理想化人性有失去的可能，唯有礼才能保证人性不失。由"气为五味，发为五色，章为五声，淫则昏乱，民失其性"可知，若过分满足人的自然欲望，则人性有失去的可能。唯有通过礼来节度人对于万物的欲望，才可以保证人性不失。具体而言，礼通过在三个方面节制人的欲望，来保证人性不失。第一，礼对六畜、五牲、三牺，九文、六采、五章，九歌、八风、七音、六律的规定，可以节制人对于天地万物的取用，使人的欲望保持在合理的范围内。第二，礼通过节度喜怒哀乐，使人的情志不过分发泄，从而起到保持人性不失的作用。第三，礼对君臣上下、夫妇外内等人伦关系的规定，保证了人类社会的有序发展。

其次，理想化人性与天地之性均以礼为准则。天地之性在于化育并秩序万物，而天地化育并秩序万物的准则即是礼。子大叔认为，正是因为遵循礼的准则，天才得以有阴阳风雨晦明，地才得以生其五行，生命才得以产生，天地才得以化育并秩序万物。而人之性，更离不开礼的规范。因此，子大叔言："淫则昏乱，民失其性，是故为礼以奉之……哀乐不失，乃能协于天地之性。"由此可见，这种理想化的人性，是与礼相互依存、互为表里的。

最后，理想化人性并非人人皆有。子大叔曰："礼，上下之纪，天地之经纬也，民之所以生也，是以先王尚之。故人之能自曲直以赴礼者，谓之成人。大，不亦宜乎？"子大叔的意思是，只有通过后天修养，无时无刻不顺从于礼的人，才能称为"成人"。

由此可见，师旷和子大叔口中的"人性"，与子产所言之"人性"，是有很大区别的。①《左传》中之"性"字有两种含义：第一种由"性"之生命义引申而来，以生而即有之情感、欲望等为主要内容，有生命即有此性。它不以礼为准则，典型表现就是趋利避害、满足欲望。如"小人之性，衅于勇，啬于祸，以足其性而求名焉者也"。这类"性"以自然欲望为主要内容，春秋时人对其往往持负面看法。另一种是子大叔所言之"性"，是一种

---

① 这两种"人性"之具体所指是有重大区别的，但二者的含义也有重合之处，并非判然有别。概言之，它们都具有滋味声色之欲和喜怒哀乐之情的意义。子产说"小人之性，衅于勇，啬于祸"，这里的"性"显然具有情欲的内容。子大叔言"民有好、恶、喜、怒、哀、乐，生于六气，是故审则宜类，以制六志"可知，人性中有喜怒哀乐。而由"气为五味，发为五色，章为五声，淫则昏乱，民失其性"来看，气可发为五色、五声，而五色、五声，均是用以满足人性的。故可知，人性生来有滋味声色之欲。

理想化的、无时无刻不顺从于礼的人性。这一概念，是与"天地之性"相呼应而存在的，也就是人顺应天地之性而形成的理想人格。它对人在天地间的角色作了具体规定：人要接受天地的化育与秩序；人的行为要符合礼的规定。理论上，人人都应该拥有理想人性，但现实中并非人人皆有，需在后天"自曲直以赴礼"方可达至。

三、《左传》《国语》人性观对后世的影响

《左传》《国语》中的两种人性观，对后世都产生了很重要的影响。

子产所言之"性"，以情欲为主要内容，在此基础上主张节制人性。这种人性论，在同时期文献中颇具代表性。如孟子曰："口之于味也，目之于色也，耳之于声也，鼻之于臭也，四肢之于安佚也，性也。有命焉，君子不谓性也。"[1]荀子曰："性者，天之就也；情者，性之质也；欲者，情之应也。以所欲为可得而求之，情之所必不免也。"[2]"从人之性，顺人之情，必出于争夺，合于犯分乱理而归于暴。……用此观之，然则人之性恶明矣。"由孟子和荀子之言可知，子产所言之"性"在一定程度上被儒家人性论所吸收，荀子的性恶说即是明证。

而子大叔所言之无时无刻不顺从于道德礼仪，并且具有法天色彩的理想化的人性，在儒家人性论中也能见其踪迹。如《中庸》中之理想人性，即与子大叔所言之理想人性有契合之处。《中庸》言："唯天下至诚，为能

---

[1]《孟子·尽心》下。阮元校刻：《十三经注疏·孟子注疏》，北京：中华书局，1980 年，第 2775 页。

[2]《荀子·正名》。王先谦：《荀子集解》，北京：中华书局，1988 年，第 428 页。

尽其性；能尽其性，则能尽人之性；能尽人之性，则能尽物之性；能尽物之性，则可以赞天地之化育；可以赞天地之化育，则可以与天地参矣。"郑玄注曰："尽性者，谓顺理之使不失其所也。赞，助也。育，生也。助天地之化生，谓圣人受命在王位致大平。"孔颖达疏曰："此明天性至诚，圣人之道也。'唯天下至诚'者，谓一天下之内，至极诚信为圣人也。'为能尽其性'者，以其至极诚信，与天地合，故能'尽其性'。既尽其性，则能尽其人与万物之性，是以下云'能尽人之性'。既能尽人性，则能尽万物之性，故能赞助天地之化育，功与天地相参。"①综合郑注与孔疏可知，天下至诚者即为圣人，圣人是理想人性的代表。这种理想人性具有两个特点：顺理、能赞天地之化育。其与子大叔所言之理想人性无时无刻不顺从于礼，能够配合天地化育的特征是大致相同的。只不过，《中庸》所言之理想人性以帮助天地化育万物为内容，而子大叔所言之理想人性是以接受天地之化育为内容的。孟子之理想人性，亦与子大叔所言之理想人性有相似之处。《孟子·尽心》言："尽其心者，知其性也。知其性，则知天矣。存其心，养其性，所以事天也。"赵岐注曰："性有仁义礼智之端……人能极尽其心，以思行善，则可谓知其性矣。知其性，则知天道之贵善者也。能存其心，养育其正性，可谓仁人。天道好生，仁人亦好生。天道无亲，惟仁是与。行与天合，故曰所以事天也。"②孟子认为，人性中有仁义礼智四端，理想的人性能够穷尽性中之仁义礼智，而仁义礼智本身即是天道的法则，因此能够熟稔并践行仁义礼智的圣人，可以帮助天地化育万物。总而言之，孟子

① 阮元校刻：《十三经注疏·礼记正义》，北京：中华书局，1980 年，第 1632 页。
② 阮元校刻：《十三经注疏·孟子注疏》，北京：中华书局，1980 年，第 2764 页。

心中的理想人格，一是具有仁义礼智之端，并能扩充之、实践之；二是能在扩充、实践仁义礼智的基础上，顺应天道的法则，帮助天道实现其化育功能。理想人性的达成，只须反求诸己。较之子大叔所谓的能赞助天地之化育的理想人性，更加强调人的主动性和道德内在性。

四、小结

《左传》中的人性观，为我们深入探讨儒家人性论产生之前，人们对于人性认识的形成过程提供了重要的线索。

首先，《左传》中的人性说，为儒家人性论核心问题的提出奠定了基础。

人性论在儒家思想中占有重要地位，儒家人性论的核心问题，在于探讨人生而即有之自然人性如何才能达至理想人性，也即如何能够使人性无时无刻不顺从于礼与德。孟子言："恻隐之心，人皆有之。羞恶之心，人皆有之。恭敬之心，人皆有之。是非之心，人皆有之。恻隐之心，仁也。羞恶之心，义也。恭敬之心，礼也。是非之心，智也。仁、义、礼、智，非由外铄我也，我固有之也，弗思耳矣。故曰：求则得之，舍则失之。"[①]孟子认为，人生而即有之自然人性中虽然有仁义礼智之端，但并不是人人都能够觉悟并实践它们，而是需要通过后天的体悟与实践来达至理想人格。《荀子》言："人之性恶，其善者伪也"，故"圣人化性而起伪，起伪而生礼义，礼义生而制法度"。由此可见，儒家学者鉴于自然人性并不完美，构建出一

---

①《孟子·告子上》。阮元校刻：《十三经注疏·孟子注疏》，北京：中华书局，1980 年，第 2751 页。

个理想化的人性概念。

孟子与荀子对于自然人性缺憾的认识、对于理想化人性概念的构建，都经过了一个发展的过程，而《左传》中记载之人性说，则为我们考察这一历程提供了材料。从《左传》的记载来看，春秋晚期，时人已经意识到人生而即有之自然人性，从而为儒家人性论提出"自然人性如何借由后天修养来达成理想人性"这一问题奠定了基础。

其次，《左传》中的人性说，促进了儒家人性论走向成熟。

一方面，子大叔认为，礼承担着奉养人性的功能。礼对滋味声色的规定，对伦理关系的规定，对喜怒哀乐的节度，均是奉养人性之方式。若没有礼之奉养，人性将会失而不存。可以说，理想人性是依存于礼而存在的。

另一方面，"成人"概念的提出，是"理想人性"产生的必要条件。子大叔对"成人"的界定，是"能自曲直以赴礼者"。由此可见，"礼"是促成"理想人性"概念产生的重要因素。而"理想人性"概念的产生，又为后世儒家构建理想人格、理想人性奠定了理论基础。先秦儒家在理想人性的基础上，进一步思考如何将以情感、欲望为主要内容的自然本性转化为无时无刻不顺从于礼的理想人性，儒家人性论由此走向成熟。

本章小结

春秋时期的人性观念，具有如下特点：

其一，春秋时期的"人性"有两种语境：一种是人生而即有之自然人性。其由"性"之生命义引申而来，有生命即有此性。此"性"以欲望、体悟能力为主要内容，以"趋利避害"为行事特征，而非遵循礼的节度。因此，时人有"正性"的说法。另一种人性生于礼，与天地之性相配合而存在。若是失去礼的节度，其就会失而不存。此外，此种"性"并非人人皆具有，唯有"能自曲直以赴礼者"，才有此性。

其二，礼在人性观念中扮演了重要角色。

子大叔将"成人"界定为"能自曲直以赴礼者"，可见礼是子大叔"成人"概念的核心。而韩献子将"善"作为"成人"概念之核心。韩献子曰："成人在始与善。始与善，善进善，不善蔑由至矣；始与不善，不善进不善，善亦蔑由至矣。……人之有冠，犹宫室之有墙屋也，粪除而已，又何加焉。"[1]在韩献子看来，美德才是"成人"最重要的标志。而《左传》中的"人所以立，信、知、勇也。信不叛君，知不害民，勇不作乱"、[2]"礼，人之干也。无礼，无以立"等语，也表明了礼是"成人"概念的核心。由此可见，"成人"概念的提出是"理想人性"产生的必要条件，而礼是"成人"概念的核心。

其次，礼还为经验层面之"人性"提供了判断标准。

"难正""贤不肖""陵上"等语表明，春秋时人有一套衡量"人性"的准则。韦昭注"夫人性，陵上者也"曰："如能在人上者，人欲胜陵之也，故君子上礼让而天下莫敢陵也。"而"膏粱之性难正也"之"难正"，是相对于惇惠者、文敏者、果敢者、镇静者的教学效果而言的。由"惇惠者

---

① "成人在始，始与善，善进善"，据徐元诰《国语集解》，各本均作"成人在始与善，始与善，善进善。"据徐说，"与善"二字衍，当作"成人在始。始与善，善进善"。参见徐元诰撰，王树民，沈长云点校：《国语集解》，北京：中华书局，2002年，第388页。

② 阮元校刻：《十三经注疏·春秋左传正义》，北京：中华书局，1980年，第1922页。

教之，则遍而不倦；文敏者导之，则婉而入；果敢者诋之，则过不隐；镇静者修之，则壹"可知，教学最终要达到"遍而不倦""婉而入""过不隐""壹"的效果，而"贤不肖"亦主要就对礼的体悟而言。因此，礼实为人性之判断标准。

其三，春秋时人论性，具有浓厚的法天色彩。

子大叔所言之"人性"，是在将礼转化为通贯天、地、人的终极有效制度，并以此形成天、地、人互相呼应的宇宙体系的背景下产生的概念，指的是人在天地间自然的属性。礼是人效法天地的产物，天有何性，人即有与之相配合之性。如贝格尔认为："宗教通过赋予社会制度终极有效的本体论地位，即通过把它们置于一个神圣而又和谐的参照系之内，从而证明了它们的合理。"① 在此背景下，人对自身的认识也会被宗教化。因此，贝格尔又提出："从个人主观意识的角度看，制度的宇宙化或秩序化允许个人在其被期待扮演的社会角色中，拥有认识上和规范上正确的终极意义。"②

---

① 贝格尔：《神圣的帷幕》，上海：上海人民出版社，1991年，第34页。
② 贝格尔：《神圣的帷幕》，上海：上海人民出版社，1991年，第38页。

第二章　孔子人性观探索

　　孔子是儒家学派的创始人，在反映其思想的作品——《论语》中，虽然仅有"性相近也，习相远也"[①]与"夫子之言性与天道不可得闻"[②]二语直接谈论人性，却对后世儒家学者的人性观念产生了重要影响。后世儒家学者对于人性的认识，多能在孔子的思想中找到源头。概而言之，前辈时贤对孔子的人性观念两个争论焦点：一是孔子所言之"性"是自然人性还是道德人性；二是在孔子看来，人性是善的还是恶的。本章旨在通过缕析《论语》中的人性观念，对于孔子人性观的内容、特点以及历史地位等出勾勒。

---

　　①《论语·阳货》。阮元校刻：《十三经注疏·论语注疏》，北京：中华书局，1980年，第2524页。
　　②《论语·公冶长》。阮元校刻：《十三经注疏·论语注疏》，北京：中华书局，1980年，第2474页。

第一节 从"性相近也，习相远也" 看孔子对"性"之认识

在《论语》中，"性相近也，习相远也"①是孔子论人性最直接的一句话，了解其含义，对于理解孔子的人性观念具有重要意义。

一、"性相近也，习相远也"句意分析

理解"性相近也，习相远也"的关键，在于厘清"性"与"习"的内涵。

关于"性"字的含义，皇侃认为其指秉气而生之性②；朱熹认为其指气质之性③；阮元认为其包括才性与秉彝④；刘宝楠以"同有善"解之⑤；徐

---

① 《论语·阳货》。阮元校刻：《十三经注疏·论语注疏》，北京：中华书局，1980 年，第 2524 页。

② 皇侃曰："人俱禀天地之气以生，虽复厚薄有殊，而同是禀气，故曰相近也。及至识，若值善友则相效为善，若逢恶友则相效为恶，恶善既殊，故云相远也。"参见程树德：《论语集释》，北京：中华书局，2013 年，第 1354—1355 页。

③ 朱熹曰："气质之性固有美恶之不同矣，然以其初而言，则皆不甚相远也。但习于善则善，习于恶则恶，于是始相远耳。"参见朱熹：《四书章句集注》，北京：中华书局，1983 年，第 175—176 页。

④ "性中虽有秉彝，而才性必有智愚之别。然愚者，非恶也，智者善，愚者亦善也。"参见阮元：《揅经室集》上册，北京：中华书局，1993 年，第 224 页。

⑤ 刘宝楠曰："性者，分于阴阳五行，以为血气、心知、品物，区以别焉。举凡既生以后，所有之事，所具之能，所全之德，咸以是为其本……《论语》言'性相近'，正见人无有不善……分别性与习，然后有不善，而不可以不善归性。凡得养失养及陷溺梏亡，咸属于习也。"参见刘宝楠：《论语正义》，北京：中华书局，1982 年，第 676 页。

复观认为其以"仁"为主要内容^①；唐君毅亦持相同的观点^②。从"性"与"习"相对的句式来看，此处之"性"当以人生而具有之先天禀赋为内容。

"习"字，《说文解字》云："习，鸟数飞也。"皇侃云："若值善友则相效为善，若逢恶友则相效为恶，恶善既殊，故云相远也。"^③朱熹云："习于善则善，习于恶则恶，于是始相远耳。"^④刘宝楠曰："分别性与习，然后有不善，而不可以不善归性。凡得养失养及陷溺梏亡，咸属于习也。"^⑤亦有学

---

① 徐复观认为："'性相近也'的'相近'，应当与《孟子·告子上》'牛山之木'章'其好恶与人相近也者几希'的'相近'，同一意义。朱元晦对《孟子》此处的解释是'好恶与人相近，言得人心之所同然也'，这是对的。""性相近"指人性皆以"仁"为内容，"性"只能是善的。而因为每个人对仁的实现程度不同，所以不说"相同"，而说"相近"。参见徐复观：《中国人性论史》，北京：九州出版社，2013 年，第 70—73 页。

② 唐君毅言："孔子谓人之生也直，我欲仁而仁至，而仁者能中心安仁，此仁在心，更宜即视为此心之善性所在。其所谓'相近'亦当涵孟子所谓'同类相似''圣人与我同类'，而性皆善之义。然就孔子之已明言者上看，则固尚无性善之论也。今若就孔子之将'性相近'与'习相远'对举之旨以观，则其所重者，盖不在克就人性之自身而论其为何，而要在以习相远为对照，以言人性虽相近，而由其学习之所成者，则相距悬殊。"参见唐君毅：《中国哲学原论·原性篇》，北京：中国社会科学文献出版社，第 8—9 页。

③ 皇侃曰："人俱禀天地之气以生，虽复厚薄有殊，而同是禀气，故曰相近也。及至识，若值善友则相效为善，若逢恶友则相效为恶，恶善既殊，故云相远也。"参见程树德：《论语集释》，北京：中华书局，2013 年，第 1354—1355 页。

④ 朱熹云："气质之性固有美恶之不同矣，然以其初而言，则皆不甚相远也。但习于善则善，习于恶则恶，于是始相远耳。"参见朱熹：《四书章句集注》，北京：中华书局，1983 年，第 175—176 页。

⑤ 刘宝楠云："性者，分于阴阳五行，以为血气、心知、品物，区以别焉。举凡既生以后，所有之事，所具之能，所全之德，咸以是为其本，《论语》言'性相近'，正见人无有不善……分别性与习，然后有不善，而不可以不善归性。凡得养失养及陷溺梏亡，咸属于习也。"参见刘宝楠：《论语正义》，北京：中华书局，1982 年，第 676 页。

者将"习"解释为后天之所志与所学。① 无论是以交友言习、以习染言习、还是以性之长养言习、以所志与所学言习，均指后天之环境。

"性相近也，习相远也"，是对性与习关系的一种概述。在孔子看来，人天生之禀赋（人性）是相近的，只是由于所接受之后天习染不同，故在后天的发展过程中产生了"相远"的结果。

二、"性相近也，习相远也"与孔子之人性观

"性相近也，习相远也"，是孔子对性与习（先天与后天）关系的阐述。孔子认为，人性生而相近，然而由于后天习染不同，故日益相远。而要想探析孔子人性观，必须先对《论语》的整体思想进行分析。

（一）"习相远也"与孔子的人性观

所谓"习相远"，意谓人性因后天习染不同而日益相远。所谓"后天习染"，皇侃以"若值善友则相效为善，若逢恶友则相效为恶"解之；朱熹以"习于善"解之；唐君毅以后天之"所志与所学"解之。三位先生的见解虽不尽相同，然皆强调人在后天对道德之主动学习。在他们看来"习相远"并非强调"相远"这一结果，而是重在强调人们在后天应主动学习道德。

---

① 唐君毅言："人由学习所成就者如何，初系乎人之所志与所学。立志好学则孔子之所恒言。是可见孔子之于此言人之性相近，亦对照人之所志所学者之相远，而言其相近；以见人性之相近者，即皆为善，犹不可恃，立志好学之为不可少；亦见相近之人性，可为人之不同之志向与学习之所成者之根据，而见此相近之性，可联系于各种可能之形态之志与学。此即孔子不重人性之为固定之性之旨，而隐涵一'相近之人性，为能自生长而变化，而具无定限之可能'之旨者也。"参见唐君毅：《中国哲学原论·原性篇》，北京：中国社会科学文献出版社，2005年，第8—9页。

通观《论语》可知，孔子对后天的道德学习甚为重视。

《论语·子罕》记太宰曾问子贡，孔子为何"多能"？子贡答曰：

固天纵之将圣，又多能也。①

孔子听到子贡的回答后，反驳道：

太宰知我乎？吾少也贱，故多能鄙事。②

子贡认为，孔子之圣与多能来自上天之赋予，而孔子却特别强调自己之多能来自后天之学习与实践。

此外，孔子还曾言：

三人行，必有我师焉：择其善者而从之，其不善者而改之。③

皇侃疏云："此明人生处事则宜更相进益，虽三人同行，必推胜而引劣，故必有师也。有胜者则谘受自益，故云择善而从之也。有劣者则以善引之，故云其不善者而改之。然善与不善，即就一人上为语也。人不圆足，

---

①《论语·子罕》。阮元校刻：《十三经注疏·论语注疏》，北京：中华书局，1980年，第2490页。

②《论语·子罕》。阮元校刻：《十三经注疏·论语注疏》，北京：中华书局，1980年，第2490页。

③《论语·述而》。阮元校刻：《十三经注疏·论语注疏》，北京：中华书局，1980年，第2483页。

故取善改恶亦更相师改之意。"①

由皇疏可知，孔子时时观察友人之善与恶，并注意向善者学习。孔子之重视学习，亦由此可见一斑。

孔子强调后天道德学习的言论，还有很多。如孔子曰：："十室之邑，必有忠信如丘者焉，不如丘之好学也。"②邢昺疏曰："此章夫子言己勤学也。十室之邑，邑之小者也。其邑虽小，亦不诬之，必有忠信如我者焉，但不如我之好学不厌也。"③孔子认为，好学比忠信更为重要。孔子又曰："我非生而知之者，好古，敏以求之者也。"④郑玄注曰："言此者，劝人学。"⑤程树德引《论语稽》曰："夫子当日即有圣人之称，然时人所谓圣者，第在多闻多知，博物强识，不待师学传授而无所不知，故震惊之也。不知夫子虽生知之圣，而亦未尝不借学以成之。其不居生知者，谦辞。其言好古敏求者，亦自明其功力之实也。"⑥

在孔子看来，对人的后天发展具有决定作用的因素并不是先天禀赋，而是后天的习染。由此可见，孔子论性的重心在于"习相远"。故孔安国注"性相近也，习相远也"云："君子慎所习也。"⑦邢昺曰："若习于善则为君

---

① 程树德：《论语集释》，北京：中华书局，1990年，第482页。
②《论语·公冶长》。阮元校刻：《十三经注疏·论语注疏》，北京：中华书局，1980年，第2475页。
③ 程树德：《论语集释》，北京：中华书局，1990年，第359页。
④《论语·述而》。阮元校刻：《十三经注疏·论语注疏》，北京：中华书局，1980年，第2483页。
⑤ 程树德：《论语集释》，北京：中华书局，1990年，第480页。
⑥ 程树德：《论语集释》，北京：中华书局，1990年，第480页。
⑦ 何晏：《论语集解》，北京：中华书局，1998年，第75页。

子，若习于恶则为小人，是相远也，故君子慎所习。"①值得注意的是，孔子强调后天之习染与学习的目的，在于激励人们追求理想人格。

在《论语》中，"君子"与"圣人"均是理想人格的代称。其中，"君子"常常被认为是庶几达至理想人格的群体。由《论语》中对于君子人格特征的描述可知，君子具有仁、义、礼、信、知、勇、恭、敬、惠、爱人、守礼等美德；以道为追求目标；以天命、大人、圣人之言为准则。如"君子无终食之间违仁，造次必于是，颠沛必于是"②"君子道者三，我无能焉：仁者不忧，知者不惑，勇者不惧"③"君子义以为质，礼以行之，孙以出之，信以成之"④"君子怀德，小人怀土；君子怀刑，小人怀惠""有君子之道四焉：其行己也恭，其事上也敬，其养民也惠，其使民也义"⑤"君子成人之美，不成人之恶"⑥。

在孔子看来，君子对"道"的追求，远远高于对人生享乐的追求。孔子曰："君子谋道不谋食。耕也，馁在其中矣；学也，禄在其中矣。君子忧

①《论语·阳货》。阮元校刻：《十三经注疏·论语注疏》，北京：中华书局，1980年，第2524页。

②《论语·里仁》。阮元校刻：《十三经注疏·论语注疏》，北京：中华书局，1980年，第2471页。

③《论语·宪问》。阮元校刻：《十三经注疏·论语注疏》，北京：中华书局，1980年，第2510页。

④《论语·卫灵公》。阮元校刻：《十三经注疏·论语注疏》，北京：中华书局，1980年，第2518页。

⑤《论语·公冶长》。阮元校刻：《十三经注疏·论语注疏》，北京：中华书局，1980年，第2474页。

⑥《论语·颜渊》。阮元校刻：《十三经注疏·论语注疏》，北京：中华书局，1980年，第2504页。

道不忧贫。"① 孔子又曰:"君子食无求饱,居无求安,敏于事而慎于言,就有道而正焉。"② 可见,君子以"道"为追求目标。

此外,君子有其独特的行事准则。孔子曰:"君子有三畏:畏天命,畏大人,畏圣人之言。小人不知天命而不畏也,狎大人,侮圣人之言。"③ 皇侃疏曰:"天命,谓作善降百祥,作不善降百殃,从吉逆凶,是天之命,故君子畏之,不敢逆之也。"④ 郑玄注云:"大人,曰诸侯。"尹氏曰:"三畏者,修己之诚当然也。小人不务修身诚己,则何畏之有。"⑤ 可见,天命对人善恶之裁度、诸侯与圣人之嘉言善德,均是君子遵守的准则。孔子又曰:"君子上达,小人下达。"程树德引《论语比考谶》曰:"君子上达,与天合符。"⑥ 所谓"上达",指君子行事以天道为准则。

在孔子眼中,圣人亦是以天道为行事准则的。孔子曰:"大哉尧之为君也!巍巍乎!唯天为大,唯尧则之。荡荡乎!民无能名焉。巍巍乎其有成功也!焕乎其有文章!"⑦ 孔安国注曰:"则,法也。美尧能法天而行化也。"孔子认为,纯粹的理想人格是以天道为法则的。

综上可知,孔子心目中之君子、圣人等理想人格,是具有仁、义、礼、

---

① 《论语·卫灵公》。阮元校刻:《十三经注疏·论语注疏》,北京:中华书局,1980年,第2518页。

② 《论语·学而》。阮元校刻:《十三经注疏·论语注疏》,北京:中华书局,1980年,第2458页。

③ 《论语·季氏》。阮元校刻:《十三经注疏·论语注疏》,北京:中华书局,1980年,第2522页。

④ 程树德:《论语集释》,北京:中华书局,1990年,第1157页。

⑤ 程树德:《论语集释》,北京:中华书局,1990年,第1158页。

⑥ 程树德:《论语集释》,北京:中华书局,1990年,第1158页。

⑦ 《论语·泰伯》。阮元校刻:《十三经注疏·论语注疏》,北京:中华书局,1980年,第2487页。

信、知、勇、恭、敬、惠、爱人、守礼等道德品质，能守礼与善道，并能以天道为行事准则者。而君子、圣人等理想人格并非生而即有，而是通过后天学习获得的。如孔子曰："君子学道则爱人，小人学道则易使也""笃信好学，守死善道"。孔子重视后天道德学习的观点，也为其弟子所继承。如子夏言："博学而笃志，切问而近思，仁在其中矣。"①子夏又曰："贤贤易色，事父母能竭其力，事君能致其身，与朋友交，言而有信，虽曰未学，吾必谓之学矣。"②在子夏看来，孝友、忠信均是后天学习的结果。孔子又曰："吾十有五而志于学，三十而立，四十而不惑，五十而知天命，六十而耳顺，七十而从心所欲不逾矩。"③在孔子看来，自己能够做到三十而立，四十不惑，五十知天命，六十耳顺，七十从心所欲不逾矩，均是"志于学"的结果。

孔子认为，君子、圣人等理想人格并非生而即有，唯有经过后天的道德学习，才能达至。因此，他才以"太宰知我乎？吾少也贱，故多能鄙事"之语来反驳子贡"固天纵之将圣，又多能也"的观点，并进一步提出"三人行，必有我师焉：择其善者而从之，其不善者而改之"。由此可见，孔子强调"习"的主要目的，在于鼓励人们通过后天的道德修习来达至理想人格。

---

① 《论语·子张》。阮元校刻：《十三经注疏·论语注疏》，北京：中华书局，1980年，第2532页。

② 《论语·学而》。阮元校刻：《十三经注疏·论语注疏》，北京：中华书局，1980年，第2458页。

③ 《论语·为政》。阮元校刻：《十三经注疏·论语注疏》，北京：中华书局，1980年，第2461页。

（二）"性相近也"与孔子的人性观

通观《论语》可知，"性相近也"首先是指人同有好恶、欲望以及认识能力。如孔子言："富与贵，是人之所欲也，不以其道得之，不处也。贫与贱，是人之所恶也，不以其道得之，不去也。"①孔子又曰："克、伐、怨、欲不行焉，可以为仁矣。"②孔子又曰："吾未见好德如好色者也。"③

其次，"性相近"还可指人皆生而有之之道德潜质。孔子言："人之生也直。"郑玄注曰："始生之人皆正直。"刘宝楠正义曰："直者，诚也。诚者内不自以欺，外不以欺人。……天地以至诚生物，故《系辞传》言乾之大生，静专动直，专直皆诚也。不诚则无物，故诚为生物之本。人能存诚，则行主忠信，而天且助顺，人且助信，故能生也。"在孔子看来，天因直而能生万物，人受天道而生，天道中之"直"亦贯注于人生命之中，故德亦内在于人性之中。

孔子以"相近"而非"相同"描述人性，表明在他看来性是有个体差异的。如孔子言"柴也愚，参也鲁，师也辟，由也喭"④，明确指出几位弟子

---

①《论语·里仁》。阮元校刻：《十三经注疏·论语注疏》，北京：中华书局，1980年，第2471页。

②《论语·宪问》。阮元校刻：《十三经注疏·论语注疏》，北京：中华书局，1980年，第2510页。

③《论语·子罕》。阮元校刻：《十三经注疏·论语注疏》，北京：中华书局，1980年，第2491页。

④《论语·先进》。阮元校刻：《十三经注疏·论语注疏》，北京：中华书局，1980年，第2499页。

禀性不同。① 程树德认为，愚、鲁、辟、喭皆以生质言。② 孔子又曰："生而知之者，上也；学而知之者，次也；困而学之，又其次也。"③ 孔子认为，有的人生而即有知识；有的人需要靠后天之学习才能获得知识；有的人遇到困惑时才会学习知识。由此可见，人的知识获取能力亦是有天然差异的。

最后，"性相近"还可指人皆生而具有达至理想人格之能力。孔子之所以在"性相近也"后接"习相远"，是因为他认识到人性虽并非生来理想，然而皆具有通过后天习染达至理想人格的素质。前文已述，孔子强调"习相远"的主要目的，在于鼓励人们在后天通过习染来改造生而即有之性，从而达至理想人性。孔子一方面认为"有生而知之者"，另一方面又言"我非生而知之者，好古，敏以求之者也"。其中，好、敏等因素均可帮助人们接受后天之习染，进而达至理想人格。

由此可见，在孔子看来，人在生而即有的情感、欲望和认知能力等方面是相近的；人皆生而具有道德潜质以及达至理想人格之潜质。与此同时，个人的先天禀赋却是存在个体差异的。以认知能力为例，有不学而知者，有主动通过学习获取知识者，有遇到问题而努力学习知识者。此外，人们的先天气质也是存在差异的，比如子羔过于仁厚，曾参过于质朴，子张邪僻文过，子路刚猛。因此，人性只能称之为相近，不能说相同。

---

① 皇侃疏："愚，好仁过也。鲁，质胜文也。辟，饰过差也。喭，刚猛也。"参见程树德：《论语集释》，北京：中华书局，1990年，第778页。

② 程树德：《论语集释》，北京：中华书局，1990年，第778页。

③ 此句出自《论语·季氏》。参见阮元校刻：《十三经注疏·论语注疏》，北京：中华书局，1980年，第2522页。对于此句，皇侃疏："若生而自有知识者，此明是上智圣人，故云上也。云学而云云者，谓上贤也，上贤既不生知，资学以满分，故次生知者也。谓中贤以下也，本不好学，特以已有所用，于理困愤不通，故愤而学之，此只次前上贤人也。"参见程树德：《论语集释》，北京：中华书局，1990年，第1159页。

综上所述，所谓"性相近"乃指人们在生而即有的情感、欲望、认知能力、道德潜质等方面，是相近的，故人皆有达至理想人格的潜质。由此可见，"性相近"之"性"字涵盖了人生而即有的情感、欲望、认知能力以及达至理想人格之道德潜质。其中，孔子最看重的当属达至理想人格的潜质。

（三）从"性相近也，习相远也"看孔子的人性观

由前文之分析可知，孔子人性观主要包括两个方面的内容。首先，孔子承认人性中有道德潜质。其又具体表现在两个方面：

其一，孔子认为人同有情感欲望、认知能力、道德潜质。如孔子言："富与贵，是人之所欲也，不以其道得之，不处也。贫与贱，是人之所恶也，不以其道得之，不去也。"[1] "克、伐、怨、欲不行焉，可以为仁矣。"[2] "吾未见好德如好色者。"[3] "生而知之者上也；学而知之者，次也；困而学之，又其次也。""人之生也直。"

其二，孔子极为重视人皆具有之达至理想人格之潜力。《论语》中反复强调，人皆具有通过学习来达至道德境界的能力。如孔子曰："生而知之者上也；学而知之者次也；困而学之，又其次也；困而不学，民斯为下矣。"孔子又言："吾十有五而志于学，三十而立，四十而不惑，五十而知天命，

①《论语·里仁》。阮元校刻：《十三经注疏·论语注疏》，北京：中华书局，1980年，第2471页。

②《论语·宪问》。阮元校刻：《十三经注疏·论语注疏》，北京：中华书局，1980年，第2510页。

③《论语·子罕》。阮元校刻：《十三经注疏·论语注疏》，北京：中华书局，1980年，第2491页。

六十而耳顺，七十而从心所欲不逾矩。"①孔子又言："君子博学于文，约之以礼，亦可以弗畔矣夫！"②孔子还言："不怨天，不尤人，下学而上达，知我者其天乎！"③

其次，孔子认为人虽皆生而具有道德潜质，但人性并非生而完美，唯有不断通过后天的道德修养，才能达到理想人格。"性相近也，习相远也"的重心，在于"习相远"，充分反映了孔子对人达至理想人格的乐观肯认和对后天努力的激励鞭策。

第二节　从"性与天道不可得闻"看孔子的人性观

除"性相近也，习相远也"外，《论语》中还有一处提及"性"字。《论语·公冶长》记子贡之言曰："夫子之文章，可得而闻也；夫子之言性与天道，不可得而闻也。"④此语虽非孔子所言，然亦反映了孔子的人性观念。

---

①《论语·为政》。阮元校刻：《十三经注疏·论语注疏》，北京：中华书局，1980 年，第 2461 页。

②《论语·雍也》。阮元校刻：《十三经注疏·论语注疏》，北京：中华书局，1980 年，第 2479 页。

③《论语·宪问》。阮元校刻：《十三经注疏·论语注疏》，北京：中华书局，1980 年，第 1513 页。

④《论语·公冶长》。阮元校刻：《十三经注疏·论语注疏》，中华书局，1980 年，第 2474 页。

一、句意辨析

关于"性与天道不可得而闻也"一句的意义，学者历来众说纷纭。有学者认为，此句意谓天道深微，故不曾听孔子言及。[①] 有学者认为，此句乃子贡叹美孔子对性与天道关系之见解。[②] 有学者认为，天道乃指《易》，《易》为言天道之书；孔子晚年始学《易》，子贡就学孔子较早，故未曾得闻孔子关于《易》之学问。[③] 欲明了此句之意，首先应明确"性""天道"之含义。

有学者认为，"性与天道"之"性"与"性相近也，习相远也"之"性"同义，均指人生而即有之先天禀赋。还有学者认为，"性与天道"之"性"偏指义理之性。

"天道"是春秋中晚期士大夫阶层常言之命题，其主要指自然界之运行规律，常与"人道"相对而言。在某些情况下，"天道"因被赋予道德意义而成为人事的准则，甚至是对人事具有决定性作用的因素。

据《左传·昭公十八年》载，夏五月，火始昏见；丙子、戊寅、壬午日又有大风作。宋、卫、陈、郑皆出现了火灾。裨灶欲禳之，子产不许，

---

① 何晏注曰："性者，人所受以生也。天道者，元亨日新之道也，深微，故不可得闻。"参见何晏注，皇侃疏：《论语义疏》，北京：商务印书馆，1937 年，第 60 页。

② 朱熹注曰："夫子之文章，可得而闻也；夫子之言性与天道，不可得而闻也"曰："文章，德之见乎外者，威仪文辞皆是也。性者，人所受之天理。天道者，天理自然之本体，其实一理也。言夫子之文章，日见乎外，固学者所共闻。至于性与天道，则夫子罕言之，而学者有不得闻者。盖圣门教不躐等，子贡至是始得闻之，而叹其美也。程子曰，此子贡闻夫子之至论而叹美之言也。"参见朱熹：《四书章句集注》，北京：中华书局，1983 年，第 79 页。

③ 刘宝楠注曰："孔子五十学《易》，惟子夏商瞿晚年弟子得传是学。然则子贡言性与天道不可得闻，《易》是也。……《汉书·李寻传》赞：幽赞神明，通合天人之道者，莫著乎《易》《春秋》。然子贡犹云夫子之文章可得而闻，夫子之言性与天道而不可得闻已矣。"参见刘宝楠：《论语正义》，北京：中华书局，1990 年，第 184 页。

言："天道远，人道迩，非所及也，何以知之？灶焉知天道？是亦多言矣，岂不或信？"① 子产认为，宋、卫、陈、郑出现火灾是天道运行之必然结果，非人力所能改变。由"天道远，人道迩，非所及也"之言可知，"天道"指日月星辰等天体的运行规律。这是"天道"的基本含义。

在某些情况下，"天道"被赋予以道德意义。如《国语·越语》载范蠡之言曰："天道盈而不溢，盛而不骄，劳而不矜其功。夫圣人随时以行，是谓守时。天时不作，弗为人客；人事不起，弗为之始。"② 范蠡认为，人事必须顺应天道的规律而为，"天道"由此被赋予以法则的意义。

天道虽然不受人力控制，但对人事往往有决定性影响。如《国语》记史苏曾预测晋国局势曰："今君起百姓以自封也，民外不得其利，而内恶其贪，则上下既有判矣；然而又生男，其天道也？天强其毒，民疾其态，其乱生哉！"③ 在史苏看来，骊姬乱晋是天道使然。

综上可知，"天道"是指日月星辰等天体的运行规律，后被赋予以道德意义，从而成为人事之准则，有时对人事具有决定性作用。孔子曰："天何言哉，四时行焉，百物生焉。"此语是孔子对天道之描述。孔子曾言："君子有三畏，畏天命，畏大人，畏圣人之言。"④ 皇侃注"天命"曰："天命，谓作善降百祥，作不善降百殃，从吉逆凶，是天之命，故君子畏之，不敢

---

① 《左传·昭公十八年》。阮元校刻：《十三经注疏·春秋左传正义》，北京：中华书局，1980 年，第 2085 页。

② 《国语·越语》。《国语》，上海：上海古籍出版社，1978 年，第 641 页。

③ 《国语·晋语》。《国语》，上海：上海古籍出版社，1978 年，第 262 页。

④ 《论语·阳货》。阮元校刻：《十三经注疏·论语注疏》，北京：中华书局，1980 年，第 2526 页。

逆之也。"① 孔子强调君子应当敬畏、顺应天命,作善撰恶。孔子弟子称孔子"罕言利与命与仁"。② 有学者指出,此句并非意谓孔子罕言命与仁,而是指孔子赞成命与仁。③ 孔子既常言天命,不可能不涉及天道。因此,子贡才会感叹道:"夫子之言性与天道,不可得而闻也。"

为何孔子罕言性与天道呢?从《论语》中反映之孔子思想风格来看,孔子对于超出人力范围之事,采取存而不论的态度。

> 季路问事鬼神。子曰:"未能事人,焉能事鬼?"曰:"敢问死。"曰:"未知生,焉知死?"④

皇侃疏曰:"孔子言:人事易,汝尚未能,则何敢问幽冥之中乎?故曰:'焉能事鬼?'……言问今日以后死事复云何也……亦不答之也,言汝尚未知即见生之事难明,又焉能豫问知死后也?"并引陈群曰:"鬼神及死事难明,语之无益,故不答也。"⑤ 在孔子看来,人事当先于鬼事,生之事当先于死之事。

太宰曾问子贡,孔子何以成圣?何以多能?子贡答曰:"固天纵之将

---

① 程树德:《论语集释》,北京:中华书局,1990 年,第 1157 页。

②《论语·子罕》。阮元校刻:《十三经注疏·论语注疏》,北京:中华书局,1980 年,第 2489 页。

③《四书辨疑》云:"圣人于三者之中所罕言者,惟利耳,命与仁乃所常言。命犹言之有数,至于言仁,宁可数邪?圣人舍仁义而不言,则其所以为教为道,化育斯民,洪济万物者,果何事也?"参见程树德:《论语集释》,北京:中华书局,1990 年,第 566 页。

④《论语·先进》。阮元校刻:《十三经注疏·论语注疏》,北京:中华书局,1980 年,第 2499 页。

⑤ 程树德:《论语集释》,北京:中华书局,1990 年,第 760 页。

圣，又多能也。"①孔子反驳道："吾少也贱，故多能鄙事。君子多乎哉？不多也。"此外，孔子还自称："我非生而知之者，好古，敏以求之者也。"可见，在孔子看来，自身之圣与能并生天生，而是后天学习的结果。

孔子所说的"天"，具有主宰性、义理性、道德性等内涵。而孔子最看重者，是"天"对于人事之准则意义。如孔子曾言："君子有三畏：畏天命，畏大人，畏圣人之言。小人不知天命而不畏也，狎大人，侮圣人之言。"②此处之"畏天命"，强调君子要敬畏天命，并以之作为处世准则。孔子此言意在勉励君子敬畏天地，肩负起行道、弘道的使命。

综上可知，孔子确曾思考过性与天道的命题，只是较少谈及。究其原因在于，孔子思考的重点并不在于玄远之天道，而在于切近之人事。而《论语》中，孔子言天之旨，亦在于明人事。

二、"性与天道"关系辨析

通观《论语》可知，天道为理想人格提供了准则，为人性的后天发展指明了方向。

前文已述，"性相近也，习相远也"一语表明，孔子认为，先天之性并非完美，需要通过后天努力来达至理想人格。而孔子所谓的理想人格——君子与圣人，都是以"天道"为准则的。孔子曾言："君子有三畏：畏天命，

---

①《论语·子罕》。阮元校刻：《十三经注疏·论语注疏》，北京：中华书局，1980 年，第 2490 页。

②《论语·季氏》。阮元校刻：《十三经注疏·论语注疏》，北京：中华书局，1980 年，第 2522 页。

畏大人，畏圣人之言。小人不知天命而不畏也，狎大人，侮圣人之言。"① 皇侃疏曰："天命，谓作善降百祥，作不善降百殃，从吉逆凶，是天之命，故君子畏之，不敢逆之也。"② 尹氏曰："三畏者，修己之诚当然也。小人不修身诚己，则何畏之有。"③ 而孔子对理想人格的代表——尧的描述，亦突出其"则天"的特点。孔子言："大哉，尧之为君也。巍巍乎，唯天为大，唯尧则之。"④ 孔安国曰："则，法也。美尧能法天而行化也。"皇侃引王弼云："圣人有则天之德，所以称'唯尧则之'者，唯尧于时全则天之道也。"⑤ 可见，孔子心中之理想人格，亦是顺守天道的。而理想人格，正是人性发展的目标。这就意味着，天道为人性发展设定了目标。需要注意的是，"性相近也，习相远"充分表明，天道并非孔子强调的重点，人在后天努力学习道德才是其人性观的重心所在。

三、从"性与天道"看孔子人性观

如前所述，孔子赋予"天道"以道德意义，并将践行天道作为理想人格的行事准则。如孔子曰："君子有三畏：畏天命，畏大人，畏圣人之言。

---

① 《论语·季氏》。阮元校刻：《十三经注疏·论语注疏》，北京：中华书局，1980 年，第 2522 页。

② 程树德：《论语集释》，北京：中华书局，1990 年，第 1157 页。

③ 程树德：《论语集释》，北京：中华书局，1990 年，第 1158 页。

④ 《论语·泰伯》。阮元校刻：《十三经注疏·论语注疏》，北京：中华书局，1980 年，第 2487 页。

⑤ 程树德：《论语集解》，北京：中华书局，1990 年，第 550 页。

小人不知天命而不畏也，狎大人，侮圣人之言。"①孔子又曰："大哉，尧之为君也。巍巍乎，唯天为大，唯尧则之。"②

皇侃引王弼之言曰："圣人有则天之德，所以称'唯尧则之'者，唯尧于时全则天之道也。"③蘧伯玉被孔子视为君子的代表，孔子曾言："君子哉蘧伯玉！邦有道，则仕；邦无道，则可卷而怀之。"④除圣人、君子外，成人亦被孔子视为理想人格之一。所谓"成人"，亦以兼具道德与礼仪为特征。孔子曰："若臧武仲之知，公绰之不欲，卞庄子之勇，冉求之艺，文之以礼乐，亦可以为成人矣。"⑤

子贡之所以言"夫子之言性与天道，不可得而闻也"，正是因为他知道孔子最重视的是人事，而非天道。参之以孔子之其他言论，亦可得此结论。如孔子曾言"君子有三畏：畏天命，畏大人，畏圣人之言"，所谓"畏天命"，就是指时刻以天命为准则。由此可知，孔子对"性与天道"之思考，与其"性相近也，习相远也"之说的落脚点均在于人事。

①《论语·季氏》。阮元校刻：《十三经注疏·论语注疏》，北京：中华书局，1980年，第2522页。

②《论语·泰伯》。阮元校刻：《十三经注疏·论语注疏》，北京：中华书局，1980年，第2487页。

③ 程树德：《论语集解》，北京：中华书局，1990年，第550页。

④《论语·卫灵公》。阮元校刻：《十三经注疏·论语注疏》，北京：中华书局，1980年，第2517页。

⑤《论语·宪问》。阮元校刻：《十三经注疏·论语注疏》，北京：中华书局，1980年，第2511页。

第三节　孔子人性观的来源及其历史地位

孔子的人性观包括两个方面的内容：一、只有通过后天的道德学习，才能达至理想人格；二、天道是理想人格的准则，为人性的后天发展指明了方向。可以说，孔子的人性观既发展了前人的观点，又对后世的人性观产生了重要影响。

一、孔子后天修德思想的来源及其发展

春秋时期，人们已经意识到人并非生而完美，唯有在后天通过教与学，达到一定的道德标准后，方可自立、成人。如子大叔曾言："礼，上下之纪，天地之经纬也，民之所以生也，是以先王尚之。故人之能自曲直以赴礼者，谓之成人。"[1] 韩献子亦曾言："成人在始与善，始与善，善进善，不善蔑由至矣；始与不善，不善进不善，善亦蔑由至矣。……人之有冠，犹宫室之有墙屋也，粪除而已，又何加焉？"[2] 子大叔、韩献子所谓的"成人"，并非指生理上之"成人"，而是指能够主动遵循礼、善等社会准则的人。因此，道德品质是衡量一个人是否"成人"的基本标准。

此外，春秋时人亦意识到，学与教是达至"成人"的重要手段。据《国语·晋语·胥臣论教诲之力》载，晋文公曾问胥臣教之作用，胥臣答

---

①《左传·昭公二十五年》。阮元校刻：《十三经注疏·春秋左传正义》，北京：中华书局，1980年，第2107页。

②"成人在始，始与善，善进善"据徐元诰《国语集解》，各本均作"成人在始与善，始与善，善进善。"据徐说，各本"与善"二字衍，当作"成人在始。始与善，善进善"。参见徐元诰撰，王树民、沈长云点校：《国语集解》，北京：中华书局，2002年，第388页。

曰："胡为文，益其质。故人生而学，非学不入。"[①]又据《国语·晋语·范献子戒人不可以不学》载，范献子在鲁聘问时，因不知避鲁先君之讳而被嘲笑，有感而发曰："人不可以不学。吾适鲁而名其二讳，为笑焉，唯不学也。人之有学也，犹木之有枝叶也。木有枝叶，犹庇荫人，而况君子之学乎！"[②]韦昭注曰："学则必知讳，不见笑也。礼，入境而问禁，入门而问讳。"可见，胥臣与范献子均将学作为后天成长之重要手段。

孔子"习相远"的思想，在后世又有所发展。如《中庸》开篇言"天命之谓性，率性之谓道，修道之谓教"，[③]然后以"中庸"为中心，讲述了如何在人伦日用中守道、成德。《中庸》"修道之谓教"的思想，正是对孔子"习相远"思想的继承。《性自命出》之"凡性，或动之，或逆之，或实之，或厉之，或出之，或养之，或长之。凡动性者，物也；逆性者，悦也；实性者，故也；厉性者，义也；出性者，势也，养性者，习也；长性者，道也""诗书礼乐……圣人比其类而论会之，观其先后而逆顺之，体其义而节文之，理其情而出入之，然后复以教。教，所以生德于中者也"等表述，均是对孔子"习相远"思想的继承。荀子的"法后王"主张，亦是对孔子"习相远"思想的继承。

二、孔子理想人格思想的来源与发展

若是仔细比较子大叔与孔子的人性观，便不难发现孔子主要从三个方

---

① 《国语·晋语》四。《国语》，上海：上海古籍出版社，1978 年，第 387 页。
② 《国语·晋语》九。《国语》，上海：上海古籍出版社，1978 年，第 487 页。
③ 朱熹：《四书章句集注》，北京：中华书局，1983 年，第 17 页。

面发展了子大叔的人性学说。

首先，理想人格不再以"自曲直以赴礼"、接受天地之化育与秩序为内容，而是以求道、守道为内容。

子大叔认为，理想人性生于礼，与天地之性相互配合，以接受天地之化育与秩序为特征，且须礼之奉养方能不失。人们唯有通过"自曲直以赴礼"，方能达至理想人格。子大叔所言之理想人性，亦为孔子所继承。孔子亦曾思及、论及天道。由其"君子有三畏，畏天命，畏大人，畏圣人之言"[a]"唯天为大，唯尧则之"[②]"下学而上达"[③]等言论可知，孔子的理想人格亦以天道为准则。需要指出的是，二人对理想人性的理解并不相同。子大叔之理想人性以遵守礼的规定、配合天地之化育为内容，而孔子之理想人性以具备仁知勇等德目，并以求道、守道为内容。换言之，子大叔之理想人性具有外向性的特征，而孔子之理想人格具有内向性的特征。

其次，对于子大叔而言，天道始终是外在之法则，而孔子则试图将天道收归人性之中，这无疑提高了人修德之可能性与主动性。子大叔所言之理想人格，唯有通过"自曲直以赴礼"方可达至。孔子已经认识到天道在赋予人生命的同时，亦将本身具有之德性赋予了人。孔子言"人之生也直"，郑玄注曰："始生之人皆正直。"皇侃疏曰："人生之道，唯其身直乎？失平生之道者，则动之死地矣。"刘宝楠《论语正义》曰：

---

① 《论语·季氏》。阮元校刻：《十三经注疏·论语注疏》，北京：中华书局，1980 年，第 2522 页。

② 《论语·泰伯》。阮元校刻：《十三经注疏·论语注疏》，北京：中华书局，1980 年，第 2487 页。

③ 《论语·宪问》。阮元校刻：《十三经注疏·论语注疏》，北京：中华书局，1980 年，第 1513 页。

直者，诚也。诚者内不自以欺，外不以欺人。《中庸》云："天地之道，可一言而尽也。其为物不贰，则其生物不测。"不贰者，诚也，即直也。天地以至诚生物，故《系辞传》言乾之大生，静专动直，专直皆诚也。不诚则无物，故诚为生物之本。人能存诚，则行主忠信，而天且助顺，人且助信，故能生也。①

综合三人的注疏可知，天因直而能生万物，人受天道而生，天道中之"直"亦贯注于人之生命之中，人之言行举动亦不能不以"直"为准则。孔子"人之生也直"之语，显示出他已经隐约感受到人性中亦有天道在。"天生德于予"的提出，则标志着孔子完成了对天道的内转。包汝翼注此语曰："天生德于予者，谓授我以圣性也。德合天地，吉而无不利，故曰其如予何也。"②《四书章句集注》曰："孔子言天既赋我以如是之德，则桓魋其奈我何。言必不能违天害己。"③在孔子看来，上天既然将施行仁德的使命赋予自己，桓魋必不能违天害己。"人之生也直""天生德于予"二语表明，孔子将天道收归人性，实即将理想人格之根据收归人性之中，人们只须反诸其身即可达至理想人格。如此一来，人达至理想人格之可能性与主动性均有所加强。

最后，孔子对于达至理想人格的可能性的阐释，为人生而有之之气性与理想人性的合二为一奠定了基础。

---

① 程树德：《论语集释》，北京：中华书局，1990 年，第 402 页。刘宝楠：《论语正义》，北京：中华书局，1990 年，第 234 页。

② 程树德：《论语集释》，北京：中华书局，1990 年，第 484 页。

③ 朱熹：《四书章句集注》，北京：中华书局，1983 年，第 98 页。

孔子对子大叔人性观的发展，促成了他对天命的重新认识。孔子有"五十而知天命"之语，关于"知天命"的具体内涵，前辈学者多有论析。

孔安国将此句释作"知天命之始终"。[1] 邢昺将此句释作："命，天之所秉受者也。孔子四十七学易，至五十穷理尽性知天命之始终也。"[2] 朱熹将此句释作："天命，即天道之流行而赋于物者，乃事物所以当然之故也。知此，则知极其精，而不惑又不足言矣。""知天命是知道理所以然。凡事事物物之上，须是见它本原一线来处，便是天命。"[3] 刘宝楠将此句释作：

> 盖夫子当衰周之时，贤圣不作久矣。及年至五十，得《易》学之，知其有得……则天之所以生己，所以命己，与己之不负乎天，故以知天命自任。……是故知有仁义礼智之道，奉而行之，此君子之知天命也。知己有得于仁义礼智之道，因而推而行之，此圣人之知天命也。[4]

傅斯年认为：

> 孔子所谓知天命，指天之意志决定人事之成败吉凶祸福者。……方其壮年，以为天生德于予，庶几其为东周也。及岁过中年，所如辄不合，乃深感天下事有不可以人力必成者。……凤鸟不至，而西狩获麟，

① 程树德：《论语集释》，北京：中华书局，1990年，第73页。
② 何晏注，邢昺疏：《论语注疏》，北京：中华书局，1980年。
③ 朱熹：《四书章句集注》，北京：中华书局，1983年，第54页。
④ 刘宝楠：《论语正义》，北京：中华书局，1990年，第43页。

遂叹道之穷也。①

徐复观则认为：

> 道德而归之于命，则此道德乃超出于人力之上，脱离一切人事中利
> 害打算的干扰，而以一种非人力所能抗拒的力量影响到人的身上，人
> 自然会对之产生无可推诿闪避的责任感和信心。"五十而知天命"，乃
> 是此无限的责任感和信心的真切体验。……换言之，"知天命"乃是将
> 外在的他律性的道德，生根于经验界中的道德，由不断的努力而将其
> 内在化、自律化，以使其生根于超经验之上。借用康德的语气，这是
> 哥白尼的大回转，由外向内的大回转。②

如前所述，孔子对性与天道之认识，首先在于对人以天道为法则的觉
悟。这种法则，以德、礼与道为内容。这种认识，为孔子构建了一种理想
人格。而对这种理想人格的追求，即为天赋予人之使命。因此，孔子又曰
"仁以为己任"③"人能弘道，非道弘人"④"知其不可为而为之"⑤"文王既没，

---

① 傅斯年：《性命古训辨证》，上海：上海古籍出版社，2012年，第163页。
② 徐复观：《有关中国思想史中一个基题的考察——释〈论语〉"五十而知天命"》，《徐
复观文集》第二卷，武汉：湖北人民出版社，2002年，第119页。
③《论语·泰伯》。阮元校刻：《十三经注疏·论语注疏》，北京：中华书局，1980年，
第2487页。
④《论语·卫灵公》。阮元校刻：《十三经注疏·论语注疏》，北京：中华书局，1980年，
第2518页。
⑤《论语·宪问》。阮元校刻：《十三经注疏·论语注疏》，北京：中华书局，1980年，
第2513页。

文不在兹乎"①。这是"知天命"的第一层含义。"知天命"的第二层含义，是孔子觉知到德、学等均是达至理想人格的重要因素。"知天命"的第三层含义，是孔子觉知到天所赋予之使命，只有为人所接纳并付诸实践，才能真正完成。因此，孔子谆谆告诫君子应"畏天命，畏大人，畏圣人之言"。皇侃疏曰："天命，谓作善降百祥，作不善降百殃，从吉逆凶，是天之命，故君子畏之，不敢逆之也"。②冯晨认为："命令的强制性虽源于命令者，但强制效果的成功，则取决于受命者。因此，命的意义由命令者和受命者共同诠释。"③而天命在为人所接纳并付诸实践的过程中，便由对人之外在规定转变为人性中内在之追求。正如徐复观所言，对天命的认知"一旦达到内外的转换点，便觉过去在外的道德根源，并非外来而实从内出……道德的根源达到了此一转换点，才是孔子所说的'知天命'"。④至此，命与性几近成为一体之两面，天对人之外在规定为命；人接受此规定并付诸实践，命便转为内在，成为人之内在禀赋，也即是所谓的"性"。

孔子对"知天命"之体悟虽然已经呈现出在天者为命，在人者为性之端倪，但与《中庸》"天命之谓性"相比，仍有一定的距离。究其原因，是孔子仅仅认识到天赋之人性是达至理想人性之条件，而没有认识到由天赋之人性达至理想人性之内在动力和必然性。而《中庸》在孔子人性观的基

---

① 《论语·子罕》。阮元校刻：《十三经注疏·论语注疏》，北京：中华书局，1980年，第2490页。

② 程树德：《论语集释》，北京：中华书局，1990年，第1157页。

③ 冯晨：《孔子"畏天命"新释》，《孔子研究》2012年第1期。

④ 徐复观：《中国思想史论集续篇》，上海：上海书店出版社，2004年版，第253、254页。

础上，论证了由实然之气性达至理想人性的必然性，并由此提出了"天命之谓性"的观念。

三、孔子人性观的历史地位

在孔子之前，人们对人性的讨论有两大传统：一种传统主要就经验层面展开，对人生而即有之情感、欲望、认知能力进行评价，其评价有"陵上""衅于勇啬于祸""难正""贤不肖"等；另一种传统主要就理想人性的层面展开，对人性之评价主要有"失性""协于天地之性"等。"陵上""难正""失性""协于天地之性"等均是就性对于社会秩序的影响而言的，都是外在的，并未深入到"性"的内部。孔子在承认人生而即有之情感、欲望、认知能力的基础上，开始尝试将天道收归人性之中。他的"人之生也直""天生德于予"等言论，都体现出他对性中具有道德潜质的肯认。孔子的这一认识，促进了人性论的内向发展。而孔子"性相近也，习相远也"之言，则指明了人在后天进行道德学习的重要性。在孔子看来，人唯有在后天充分发挥人性中之道德潜质，才能达到理想人格的境界。

本章小结

孔子的人性观，集中体现在"性相近也，习相远也"和"夫子之言性与天道，不可得而闻"两句话中。

"性相近也，习相远也"之"性"，主要指人生而即有之情感、欲望、认知能力、道德端倪等自然禀赋，而这些自然禀赋是人们在后天通过努力达至理想人格的重要因素。这句话充分反映了孔子对人达至理想人格能力的乐观肯认和对人后天努力的激励鞭策。在孔子看来，人性并非生而完美，人们应当在后天致力于道德学习，不断朝着理想人格的目标迈进。

"性与天道不可得闻"一语，表明孔子曾经思及性与天道的关系。在孔子看来，天道为理想人格设定了标准，而理想人格正是人性发展的目标。孔子对于天道与人性关系的思考，意在激励人们努力践行上天赋予自身之使命。这一思想正好与"性相近也，习相远也"的思想契合。

由"性相近也，习相远也""性与天道不可得闻"二语来看，人性中是否具有达至理想人格的道德潜质，才是孔子最为关注的问题。而在孔子看来，人性中既包括人生而即有之情感、欲望、认知能力等自然人性的因素，也包括道德端倪。而道德端倪和认知能力，均有助于人们通过后天努力达至理想人格。

孔子的人性观念，在继承春秋中晚期的"成人"观念和以天道类比人性等观念的基础上，进一步提出人生而即有之自然人性中具有达至理想人格的道德潜质。人们应在后天努力学习道德，不断朝着理想人格的目标迈进。这就回答了人的自然人性如何在后天达至理想人性的问题，并开启了后世的儒家人性论对于这一问题的持续探索。

第三章 《中庸》人性论研究

继孔子之后，对"性"作出系统论述者，当属《中庸》。学界对《中庸》人性论的探讨，主要集中于两个方面：《中庸》所言之"性"是指自然性还是指道德性？《中庸》中之人性与天存在怎样的关系？

大部分学者认为，《中庸》所言之"性"，主要指道德人性。如冯友兰先生认为："《易传》及《中庸》所说，与孟子所说意思相同。率性就是顺性，顺性而行，就是人道。性是天之所命，道就只是率性。如此说，则人道也就是天道，人德也就是天德。《中庸》说'达天德'。知人德只是人德底人，其境界只可以是道德境界。知人德也是天德底人，其境界才可以是天地境界。"[1] 钱穆先生认为，《中庸》的人性思想可概括为"德性一元论""德性宇宙论"，是用此种德性一元论的观点来求人生界与宇宙界之合一。[2] 也有学者认为，《中庸》所言之"性"主要指自然生命之"性"。如傅斯年先生认为："'天命之谓性'者，谓人所禀赋受之于天，此以'天命'

---

① 冯友兰：《新原道》，《三松堂全集》第五卷，郑州：河南人民出版社，2001 年，第 71 页。

② 钱穆：《中国学术思想史论丛》，合肥：安徽教育出版社，2004 年，第 15—38 页。

释'性'，明著其为一事。此解近于古训，古训'性'即'生'也，然亦有违于古训处。此所谓'命'，非谓吉凶也，祸福也。'率性之谓道'者，率，循也，遵也。言遵性而行者谓之道，此解差近于孟氏。'修道之谓教'者，修，治也。夫言道之待治，治之在教，则又近于荀子矣。"[①] 还有学者认为，《中庸》之"性"兼有道德人性与自然人性的因素。如许抗生先生认为，孔子之后，儒家在人性论上有两条发展路向：一条主张自然人性说，从《性自命出》、告子至荀子；一条主张社会伦理人性说，从《五行》篇到孟子。《中庸》则处于这两条路向之间，它一方面接受了《性自命出》的以情释性说，同时又把"中庸"和"诚"视作人性中的道德性，因此又倾向于主张社会伦理人性说。[②]

关于《中庸》中的"天""性"关系，学界大多持性、天相通的观点。如钱穆先生认为，《中庸》中的人性思想是用德性一元论的观点来求人生界与宇宙界之合一。[③] 范寿康先生认为："子思在《中庸》里面，把诚一面看作是天道，一面又看作是人性，他把天人合一的思想发挥得格外透彻。"[④]

第一节 《中庸》的作者及结构

《中庸》一书，自汉代起便被视为子思所作。如《史记》载："子思作《中庸》。"《隋书·音乐志》引沈约之言曰："《中庸》《表记》《坊记》《缁

---

① 傅斯年：《性命古训辨证》，上海：上海古籍出版社，2012 年，第 37—64 页。

② 许抗生：《〈性自命出〉〈中庸〉〈孟子〉思想的比较研究》，《孔子研究》2002 年第 1 期。

③ 钱穆：《中国学术思想史论丛》，合肥：安徽教育出版社，2004 年，第 15—38 页。

④ 范寿康：《中国哲学史通论》，北京：三联书店，1983 年，第 76 页。

衣》，皆取自《子思子》。"唐李翱《复性书》云："子思，仲尼之孙，得其祖之道，述《中庸》四十七篇。"①朱熹亦云："《中庸》何为而作也？子思子忧道学之失其传而作也。"②

但也有学者认为，《中庸》并非子思的作品。首先提出此说的是欧阳修，他在《问进士策》中提出："礼乐之书散亡，而杂出于诸儒之说，独《中庸》出于子思。子思，圣人之后也，所传宜得其真，而其说有异乎圣人者，何也？……故予疑其传之谬也。"③此后，叶适、陈善、王柏、袁枚、崔述等亦质疑子思作《中庸》之说。

近代以来，有不少学者对《中庸》的年代与作者进行了深入的考辨。

胡适先生认为："《中庸》古说是孔子之孙子思所作，大概《大学》和《中庸》两部书都是孟子荀子以前的儒书，我这句话，并无他种证据，只是细看儒家学说的趋势，似乎孟子荀子之前总该有几部这样的书，才可使学说变迁有线索可寻。"④

郭沫若先生坚持《中庸》为子思所作。⑤其给出的理由有三：首先，"思、孟所造之五行说，在现存的思、孟书——《中庸》和《孟子》——里面，虽然没有显著的表现，但也不是全无痕迹。《中庸》首句'天命之谓性'，注云：'木神则仁，金神则义，火神则礼，水神则智，土神则信。'章太炎谓'是子思遗说'，大率是可靠的"；其次，孟子四端说"把仁义礼智

---

① 李翱：《复性书》上，周绍良主编：《全唐文新编》第三部第三册，长春：吉林文史出版社，2000 年，第 7193 页。
② 朱熹：《四书章句集注》，北京：中华书局，1983 年，第 14 页。
③ 欧阳修：《问进士策三首》，《欧阳修全集》，北京：中国文史出版社，1999 年，第 232 页。
④ 胡适：《中国哲学史大纲》，北京：东方出版社，2004 年，第 215 页。
⑤ 郭沫若：《十批判书》，北京：人民出版社，2012 年，第 104 页。

作为人性所固有，但缺少了一个'信'，恰如四体缺少了一个心。然而这在孟子学说体系上并没有缺少，'信'就是'诚'了。他说：'仁之于父子也，义之于君臣也，礼之于宾主也，知之于贤者也，圣人之于天道也，命也，有性焉，君子不谓命也。'这儿与仁义礼智为配的是'天道'。'天道'是什么呢？就是'诚'。'诚者天之道也，诚之者人之道也，至诚而不动者未之有也，不诚未有能动者也'。其在《中庸》中则是说：'诚者不勉而中，不思而得，从容中道，圣人也。'这'从容中道'的圣人，也就是'圣人之于天道'的说明，是'万物皆备于我矣，反身而诚，乐莫大焉'的做人的极致"；最后，诚是"中道"，这正好合乎"土神则信"，而土居中央。

钱穆先生认为，《中庸》受道家天人合一思想的影响，其时代当晚于子思。①

冯友兰先生认为："细观《中庸》所说义理，首段自'天命之谓性'至'天地位焉，万物育焉'，末段自'在下位不获乎上'，至'无声无臭至矣'，多言人与宇宙之关系，似就孟子哲学中之神秘主义之倾向，加以发挥。其文体亦大概为论著体裁。中段自'仲尼曰，君子中庸'至'道前定则不穷'，多言人事，似就孔子之学说，加以发挥。其文体亦大概为记言体裁。由此推测，中段似为子思原来所作之《中庸》，即《汉书·艺文志》'儒家'中之《子思》二十三篇之类。首末二段乃后来儒者所加，即《汉书·艺文志》'凡礼十三家'中之《中庸说》二篇之类也。"②

---

① 钱穆：《〈中庸〉新义申释》，《中国学术思想史论丛》卷二，北京：九州出版社，2011年，第113—134页。

② 冯友兰：《中国哲学史》上，北京：三联书店，2009年，第407页。

牟宗三先生认为，《中庸》在时间上后于《孟子》。[1] 其给出的理由是："《中庸》后半部言诚、言性，诚是工夫亦是本体，是本体亦是工夫。诚体即性体，性亦不会是气性之性。此可能是根据孟子言性善而来。"[2]

唐君毅认为："道墨二家乃喜连用天地万物以成名。儒家孟子言万物皆备于我，不言育万物。孔孟言保民、养民、爱民，墨子言爱民、利民，亦未明言育民。老子以慈为教，而母之育子，为慈之至。老子又以母言道，乃亦以'生之、育之'言道。庄子更时言育万物、化育万物，则《中庸》之言育万物，亦用老、庄之辞。又孔孟多好、恶对言，于喜怒哀乐皆分说，而未合之以成辞。墨子、庄子乃多连用喜怒哀乐为一辞。故或谓《中庸》之言喜怒哀乐，亦可能为袭用其辞。是皆见此《中庸》首章之成书，在庄子之后。"[3]

综上所述，质疑《中庸》为子思所作的学者，提出的理由有三：其一，《中庸》中之华岳、车同轨、书同文等疑为秦以后语言；其二，《中庸》与《孟子》有相同语言，且论性命较《孟子》更为明晰，应非子思传之孟子，而为宗孟之后人假托子思之名所作；其三，《中庸》以天命、道立论，文风玄远，与孔子重视日常道德的学习和实践的风格不类，可能受道家影响。

徐复观、李学勤两位先生对上述三种理由逐一进行了驳斥。

如徐复观先生指出，"华岳"为齐地二山之名。[4] 关于"今天下车同轨，

① 牟宗三：《心体与性体》，台北：正中书局，1968 年，第 29 页。

② 牟宗三：《心体与性体》，台北：正中书局，1968 年，第 29 页。

③ 唐君毅：《中国哲学原论·原道》，北京：中国社会科学文献出版社，2006 年，第 365 页。唐君毅：《中国哲学原论·原性》，北京：中国社会科学文献出版社，2006 年，第 38 页。

④ 徐复观：《中国人性论史》，北京：九州出版社，2014 年，第 131—133 页。

书同文"，徐复观先生认为："先秦古籍经秦氏博士之传承整理，因而杂入传承整理者当时的思想与资料，乃极合于情理之事实。"① 李学勤先生认为："古书的形成每每要有很长的过程。除了少数书籍立于学官，或有官本，一般都要经过改动变化。很多书在写定前，还有一段口传的过程。尤其在民间流传的，变动尤甚。"② 因此，我们不能仅仅因某些字句晚出，就认为《中庸》非子思所作。

徐复观先生还驳斥了《中庸》论性命较《孟子》明晰、《中庸》抄袭《孟子》等观点。徐先生认为，仅仅通过文字比较来断定谁先谁后，是不可取的做法。孟子受业于子思之门人，很可能继承了《中庸》"成"的思想，因此，《中庸》与《孟子》有相似语言，并不足为怪。③

对于《中庸》思想玄远之说，徐复观先生提出了五点反驳意见。

第一，君臣、父子、夫妇、兄弟、朋友这五伦，在《论语》中皆已提出，只是未将其组织在一起。将五者组织在一起，始于《中庸》与《孟

---

① 徐复观：《中庸的地位问题——谨就正于钱宾四先生》，《学术与政治之间》，北京：九州出版社，2014 年，第 383 页。

② 李学勤：《对古书的反思》，复旦大学历史系编《中国传统文化的再估计》，上海：上海人民出版社，1987 年。

③ 徐复观认为："儒家思想，至孟子而完成一大发展。先秦儒家的人性论，由他从心善以言性善而得到圆满的解决。《史记·孟荀列传》谓他'受业于子思之门人'，则他若继承了由子思门人所作的《中庸》下篇的诚的思想，而加以发展，由《中庸》下篇之以诚言性，进一步而言性善，是非常自然的。若《中庸》下篇的作者，抄《孟子》此章之义，以为其一篇之发端，则此人必受孟子影响甚深……但'性善'一词，已经孟子郑重提出，且将性善落实于心善之上，说得那样明白晓畅；而受其影响甚深的《中庸》下篇的作者，对内容上已说的是性善，却对于孟子以心善言性善的思想中心，毫未受其影响，这几乎是难于解释的。"参见徐复观：《〈中庸〉下篇成书年代》，《中国人性论史》，北京：九州出版社，2014 年，第 127 页。

子》。我们可从中看出由《论语》到《中庸》《孟子》的发展规迹。①

第二，《中庸》常常仁、知并称，并以知、仁、勇为三达德，这与《论语》所谓的仁、义、礼、知、信之德目相符合。②

第三，《论语》言仁，主要就个人之自觉向上处说，《中庸》之"修道以仁"及"力行近乎仁"，其含义与《论语》相近。至《孟子》，则多以爱人言仁。此后直至二程为止，皆继承此义而未改。此亦可证明《中庸》直承《论语》，而早于《孟子》。③

第四，《中庸》之"性与天道"，乃承孔子"五十而知天命"之"天命"而来。《中庸》将《论语》中尚未在形式上连成一体的"性"与"天道"组合在一起，此系思想上的一大发展。④

第五，《论语》重言忠信，忠信发展而为《中庸》之"诚"，前人多已言之。徐复观先生认为："《论语》言'默识'，言'内省'，此系向内的沉潜；至《中庸》而言'慎独'，则内在之主体性更为明显；至《孟子》则更进一步言'求放心''存心''养性''养气'，较《中庸》之'慎独'，表现得更为具体而明白。"⑤ 吴怡先生也认为，《中庸》"诚"的部分实际上是在为

---

① 徐复观：《中庸的地位问题——谨就正于钱宾四先生》，《学术与政治之间》，北京：九州出版社，2014 年，第 380 页。

② 徐复观：《中庸的地位问题——谨就正于钱宾四先生》，《学术与政治之间》，北京：九州出版社，2014 年，第 380 页。

③ 徐复观：《中庸的地位问题——谨就正于钱宾四先生》，《学术与政治之间》，北京：九州出版社，2014 年，第 381 页。

④ 徐复观：《中庸的地位问题——谨就正于钱宾四先生》，《学术与政治之间》，北京：九州出版社，2014 年，第 381 页。

⑤ 徐复观：《中庸的地位问题——谨就正于钱宾四先生》，《学术与政治之间》，北京：九州出版社，2014 年，第 381—382 页。

前述之"慎独"及由"慎独"引出之"中庸"建立形上依据。"慎独与诚血脉相关",且具有"一贯的精神,仍然是子思的原作"。① 徐复观先生认为,《中庸》下篇(二十章后半部分以下的内容)是在上篇的基础上,"进一步解决性与天道的问题;而且也是进一步解决天道与中庸的问题"。② 具体而言,"上篇是通过'天命之谓性'的观念来解答性与天道的问题;通过'率性之谓道'的观念来解答中庸与性命的问题。但这种解答,依然可以将命与性、中庸与性命分为两个层次。下篇则是通过'诚者天之道也,诚之者人之道也'的观念,以解答中庸与性命的问题;更通过'诚者物之终始,不诚无物'的观念,以解答中庸与性命的问题"。③ 杜维明先生则将《中庸》思想分为君子、信赖社群、道德形而上学三个有机联系的层次。④

综上所述,《中庸》是反映孔子之后、孟子之前儒家人性论的重要文献。

第二节 《中庸》人性论的内容

前文已述,前贤时彦关于《中庸》人性观念的探讨,主要集中于两个方面:一是《中庸》中之"性"是道德人性还是自然人性,二是人性与天之间存在何种关系。下面,将立足《中庸》文本,对这两个问题进行深入细致的探讨。

---

① 吴怡:《中庸诚的哲学》,台北:东大图书公司,1976年,第43、9页。
② 徐复观:《中国人性论史》,北京:九州出版社,2014年,第134页。
③ 徐复观:《中国人性论史》,北京:九州出版社,2014年,第134页。
④ 杜维明:《中庸——论儒学的宗教性》,北京:三联书店,2013年。

一、"性"的内容

通观《中庸》全文可知,"性"主要包括四个方面的内容。

(一)"性"以"天命"为内容

《中庸》首章,对"性"所作的界定是"天命之谓性"。朱熹注"天命之谓性"曰:"命,犹令也。性,即理也。天以阴阳五行化生万物,气以成形,而理亦赋焉,犹命令也。于是人物之生,因各得其所赋之理,以为健顺五常之德,所谓性也。"① 由朱熹之言可知,"天命"包括"气以成形"和"理亦赋焉"两个方面的内容,人得天所赋之理以生,故人性也包括两个方面的内容:自然生命及随之而来的自然人性和人接受天道而形成之五常之德。

(二)"性"中有道

朱熹注"率性之谓道"云:"率,循也。道,犹路也。人物各循其性之自然,则其日用事物之间,莫不各有当行之路,是则所谓道也。"② 在《中庸》作者看来,"性"本身即具有道的因素。③ 此处之"道",当兼指天道与人道。诚如冯友兰先生所言:"率性就是顺性,顺性而行,就是人道。性是天之所

---

① 朱熹:《四书章句集注》,北京:中华书局,1983年,第17页。
② 朱熹:《四书章句集注》,北京:中华书局,1983年,第17页。
③ 对于"率"字如何解释,学术界有不同看法。如金景芳先生就以《广韵·质韵》"率,领也"来解释"率"。并认为"率性之谓道"是说统率性的是道。见金景芳:《论孔子思想的两个核心》,《历史研究》1990年第5期。虽然从文字训诂的角度,"率"字可解释为"领",但综合《中庸》"性"中有"诚"等思想,可知,《中庸》是更为强调"性"的道德意义的。因此,我认为"率"字还是释为"循"更恰当。

命，道就只是率性。如此说，则人道也就是天道，人德也就是天德。《中庸》说'达天德'，知人德只是人德底人，其境界只可以是道德境界；知人德也是天德底人，其境界才可以是天地境界。"①

（三）"性"中有喜怒哀乐

《中庸》云："喜怒哀乐之未发，谓之中；发而皆中节，谓之和。中也者，天下之大本也；和也者，天下之达道也。"朱熹注云："'中节'之'中'，去声。喜、怒、哀、乐，情也。其未发，则性也，无所偏倚，故谓之中。发皆中节，情之正也，无所乖戾，故谓之和。大本者，天命之性，天下之理皆由此出，道之体也。达道者，循性之谓，天下古今之所共由，道之用也。此言性情之德，以明道不可离之意。"② 联系"天命之谓性"可知，《中庸》作者已经认识到，人性天然符合中道，"性"中之喜怒哀乐若发而不中节，人性就会脱离中道。

（四）"性"中有"诚"

《中庸》作者认为，圣人之性，天然有诚。他由此提出："自诚明，谓之性。"朱熹注此句曰："自，由也。德无不实而明无不照者，圣人之德。所性而有者也，天道也。"③ 对于圣人而言，性中本就有诚，利用性中之诚，便可达到"德无不实而明无不照"的境界。

---

① 冯友兰:《新原道》，载氏著:《三松堂全集》第五卷，郑州:河南人民出版社，2001年，第71页。

② 朱熹:《四书章句集注》，北京:中华书局，1983年，第18页。

③ 朱熹:《四书章句集注》，北京:中华书局，1983年，第32页。

《中庸》言："自明诚，谓之教。诚则明矣，明则诚矣。"朱熹注曰："先明乎善，而后能实其善者，贤人之学，由教而入者也，人道也。诚则无不明矣，明则可以至于诚矣。"①在《中庸》作者看来，贤人不同于圣人，无法在出生时就觉知性中之诚，故须通过觉知并践行性中之诚，来达至理想人格。也就是说，觉悟并践行"诚"是贤人达至理想人格的重要路径。

由此可见，在《中庸》作者看来，圣人是生而有诚的，贤人虽并非生而有诚，但"诚"是其通过明德便能够觉知到的。因此，"诚"是"性"固有的内容。

综上所述，《中庸》对"性"的认识有三个：首先，"性"以天命为内容，主要包括两个方面的内容：自然生命及随之而来的自然人性和人接受天理而形成之五常之德。其次，"性"本身具有"道"的因素，循性而为即是遵道而行。此处的"道"，兼指天道与人道。最后，在"性"所具有的内容中，《中庸》较为重视"喜怒哀乐"和"诚"。喜怒哀乐是"性"中多变而危险的因素，而"诚"是理想人性中固有之内容。换言之，《中庸》对"性"之内容的描述，一方面指明了"性"中之危险因素，一方面又指明了"性"之理想状态。《中庸》所言之"性"，兼具自然人性和道德人性的特点。可以说，《中庸》对"性"的描述，已经奠定了天人相通的基础。

二、"中庸"与"诚"——保证"尽性"的两种途径

前文已述，在《中庸》作者看来，"性"包括自然人性和五常之德两个方面的内容，"性"中之喜怒哀乐若发而不中节，就会使人性脱离中道。那

---

① 朱熹：《四书章句集注》，北京：中华书局，1983年，第32页。

么，如何使人们能够在后天穷尽"性"中之"诚"与"道"，顺应五常之德而不违道而行呢？为此，《中庸》提出了"修道之谓教"的观点。

《中庸》言："率性之谓道，修道之谓教。"朱熹注此句曰："性道虽同，而气禀或异，故不能无过不及之差，圣人因人物之所当行者而品节之，以为法于天下，则谓之教，若礼、乐、刑、政之属是也。盖人之所以为人，道之所以为道，圣人之所以为教，原其所自，无一不本于天而备于我。学者知之，则其于学知所用力而自不能已矣。"① 由朱熹的注释可知，由于每个人的禀赋不同，后天习染也不同，无法都能穷尽性中之道。为此，圣人制作礼乐刑政，使人们能够遵道而行。

那么，人们应如何在日常生活中"修道"呢？《中庸》提出了两种途径。

（一）"中庸"有助于"修道"

《中庸》言：

> 道也者，不可须臾离也；可离，非道也。是故，君子戒慎乎其所不睹，恐惧乎其所不闻。莫见乎隐，莫显乎微，故君子慎其独也。喜怒哀乐之未发，谓之中；发而皆中节，谓之和。中也者，天下之大本也；和也者，天下之达道也。致中和，天地位焉，万物育焉。

朱熹注此句曰："命，犹令也。性，即理也。天以阴阳五行化生万

---

① 朱熹：《四书章句集注》，北京：中华书局，1983年，第17页。

物，气以成形，而理亦赋焉，犹命令也。于是人物之生，因各得其所赋之理，以为健顺五常之德，所谓性也。"①朱熹的意思是说，君子若能时时戒慎恐惧，保证喜怒哀乐之发作皆"中节"，就能使"性"在后天遵道而不违。"性"在后天的发展中始终遵道不违的状态，就是所谓的"中庸"。

《中庸》明确指出，"中庸"是很难达到的，"民鲜能久矣"。即便圣贤如孔子，也自称自己无法在一个月中始终保持中庸的状态。②从某种程度上说，中庸比仁智勇三德更难践行。③虽然如此，但人们仍可从身边的小事做起，一步一步向中庸靠近。

首先，以忠恕之道来处理父子、君臣、兄弟、朋友之间的关系。《中庸》言：

> 道不远人。人之为道而远人，不可以为道。……忠恕违道不远，施诸己而不愿，亦勿施于人。君子之道四，丘未能一焉：所求乎子，以事父未能也；所求乎臣，以事君未能也；所求乎弟，以事兄未能也；所求乎朋友，先施之未能也。④

这段话表明，在日常生活中尽己之心便可算作忠，推己及人便可算作恕。忠恕富有己所不欲勿施于人的精神，若能以忠恕之道来处理父子、君

① 参见朱熹：《四书章句集注》，北京：中华书局，1983年，第17页。
② 如《中庸》言："人皆曰予知，择乎中庸，而不能期月守也。"参见朱熹：《四书章句集注》，北京：中华书局，1983年，第20页。
③ 有学者认为，"天下国家可均也，爵禄可辞也，白刃可蹈也"，即指仁、智、勇，因此这句话意在说明践行中庸比践行仁智勇更难。
④ 见朱熹：《四书章句集注》，北京：中华书局，1983年，第23页。

臣、兄弟、朋友之间的关系，便可接近于中庸了。

其次，时刻保持自省精神。

《中庸》有言：

> 君子素其位而行，不愿乎其外。素富贵，行乎富贵；素贫贱，行乎贫贱；素夷狄，行乎夷狄；素患难，行乎患难；君子无入而不自得焉。在上位不陵下，在下位不援上，正己而不求于人，则无怨。上不怨天，下不尤人。故君子居易以俟命，小人行险以徼幸。子曰："射有似乎君子；失诸正鹄，反求诸其身。"①

朱熹认为，"君子素其位而行，不愿乎其外"乃言："君子但因见在所居之位而为其所当为，无慕于其外之心也。"②换言之，君子因能时刻省察自身之行为，故能保持中庸之道。

综上可知，中庸虽然是圣人都很难达到的状态，但若能在日常生活中践行忠恕之道，时刻保持自省精神，便可一步步向中庸靠近。

（二）"诚"是修道的重要手段

《中庸》认为，仅仅通过戒慎恐惧，是无法全然做到中庸的，还须做到"诚"。《中庸》言：

> 为政在人，取人以身，修身以道，修道以仁。仁者人也，亲亲为

---

① 朱熹：《四书章句集注》，北京：中华书局，1983年，第24页。
② 朱熹：《四书章句集注》，北京：中华书局，1983年，第24页。

大。……故君子不可以不修身；思修身，不可以不事亲；思事亲，不可以不知人；思知人，不可以不知天。①

这段话表明，欲修身，就要遵循中庸之道而行；遵道而行，就要具有仁德。而养成仁德的关键在于事亲；事亲的关键在于知人。若要知人，就不能不知晓天赋予了人怎样的禀赋与责任。《中庸》对这个问题的回答是：

凡事②豫则立，不豫则废。……在下位不获乎上，民不可得而治矣。获乎上有道：不信乎朋友，不获乎上矣。信乎朋友有道：不顺乎亲，不信乎朋友矣。顺乎亲有道：反诸身不诚，不顺乎亲矣。诚身有道：不明乎善，不诚乎身矣。诚者，天之道也，诚之者，人之道也。诚者不勉而中，不思而得，从容中道，圣人也。诚之者，择善而固执之者也。③

由引文可知，欲行五达道、三达德与九经，必须觉知"性"中之"诚"，而"诚"正是天道赋予人之禀赋。圣人因能觉知到性中之"诚"，故能不待思勉而从容中道。常人虽无法直接觉知性中之诚，但只要能择善而行，也能庶几达到"诚"的状态。

---

① 朱熹：《四书章句集注》，北京：中华书局，1983 年，第 28 页。
② 指《中庸》所言之五达道、三达德（"天下之达道五，所以行者三。曰：君臣也，父子也，夫妇也，昆弟也，朋友之交也，五者天下之达道也。知、仁、勇三者，天下之达德也，所以行之者一也"）和九经（凡为天下国家有九经，曰：修身也，尊贤也，亲亲也，敬大臣也，体群臣也，子庶民也，来百工也，柔远人也，怀诸侯也）。参见朱熹：《四书章句集注》，北京：中华书局，1983 年，第 31 页朱熹注。
③ 朱熹：《四书章句集注》，北京：中华书局，1983 年，第 31 页。

在《中庸》作者看来，要想觉知性中之诚，首先就要做到博学、审问、慎思、明辨、笃行。《中庸》言："博学之，审问之，慎思之，明辨之，笃行之。"朱熹注曰："此诚之目也。学、问、思、辨，所以择善而为知，学而知也。"① 朱熹这句话重在阐明，如何觉知"诚"。具体来说，就是通过学、问、思、辨的工夫，觉知到"性"中之善端，并进而觉知到性中之"诚"。

其次，欲觉知"性"中之"诚"，还需在觉知性中之善端的基础上，将善言善行推而广之。

《中庸》言："其次致曲，曲能有诚。诚则形，形则著，著则明，明则动，动则变，变则化。唯天下至诚为能化。"朱熹注曰："'其次'，通大贤以下凡诚有未至者而言也……盖人之性无不同，而气则有异，故惟圣人能举其性之全体而尽之。其次，则必自其善端发见之偏而悉推致之，以各造其极也。"② 在《中庸》作者看来，只有圣人能够穷尽性中之道，而贤人在学、问、思、辨的过程中，往往只能发现一二善端，无法穷尽性中之道。这就要求贤人在已有善端的基础上，不断扩充善言善行，以此来穷尽性中之诚。因此，《中庸》作者提出，正是君子因为"尊德性而道问学，致广大而尽精微，极高明而道中庸。温故而知新，敦厚以崇礼。是故居上不骄，为下不倍。国有道，其言足以兴；国无道，其默足以容"③，所以能够"动而世为天下道，行而世为天下法，言而世为天下则。远之则有望，近之则不厌"④。

综上所述，《中庸》之人性观主要包括三个方面的内容：

---

① 朱熹：《四书章句集注》，北京：中华书局，1983 年，第 31 页。
② 参见朱熹《四书章句集注》，北京：中华书局，1983 年，第 33 页。
③ 朱熹：《四书章句集注》，北京：中华书局，1983 年，第 35 — 36 页。
④ 朱熹：《四书章句集注》，北京：中华书局，1983 年，第 37 页。

首先，《中庸》开篇指出"天命之谓性，率性之谓道"，将"性"分为自然人性和五常之德两个部分。而上天在赋予人生命的同时，亦将天道转化为德性赋予了人。因此，常人只要顺应性中之道德，便能在后天遵道而行。

其次，《中庸》曰："天命之谓性，率性之谓道，修道之谓教。道也者，不可须臾离也，可离非道也。故君子戒慎乎其所不睹，恐惧乎其所不闻。喜怒哀乐之未发，谓之中，发而皆中节，谓之和。中也者，天下之大本也；和也者，天下之达道也。致中和，天地位焉，万物育焉。"其中"天命之谓性，率性之谓道"，肯定了"性"中有"道"。但与此同时，《中庸》也注意到喜怒哀乐是"性"中多变而危险的因素。若其发而不中节，性就有脱离中道的可能。有鉴于此，圣人制作礼乐刑政，使人们能遵道而行。

最后，《中庸》阐述了"修道"的具体方式。一是在日常生活中时刻保持戒慎恐惧的心态；二是将忠恕之道作为处理人伦关系的准则；三是通过学、问、思、辨的功夫，扩充善端善行。唯有做到以上三点，方能穷尽性中之道。

第三节 《中庸》人性论的特点

概而言之，《中庸》人性论具有五个显著特点。

一、理想人格内在于人性之中

《中庸》开篇提出了"天命之谓性，率性之谓道"的观点，提出上天在赋予人自然生命的同时，也赋予了人五常之德。这就意味着理想人格内在于人性之中，人性天然符合道的要求。

《中庸》又言："自诚明，谓之性；自明诚，谓之教。"这句话是说，圣人生而有诚，贤人虽非生而有诚，但能通过后天教化来觉知"性"中之"诚"。

理想人格本就内在于人性之中这一观点的提出，是一大突破。在孔子之前，人们只是将情感、欲望、认知能力作为性的内容。孔子虽然将道德纳入人性之中，但并未明确提出理想人格内在于人性之中。而《中庸》"天命之谓性"的提出，则直接将理想人格与人性联系了起来。"天命之谓性"之"性"，有义理当然之性的意味。王阳明《传习录评注集评》认为："众人亦率性也，但率性在圣人分上较多，故'率性之谓道'属圣人事；圣人亦修道也，但修道在贤人分上多，故'修道之谓教'属贤人事。"在王阳明看来，"天命之谓性"之"性"当为圣人之性。所谓"圣人之性"，也即义理当然之性。牟宗三先生认为，若"性"字指以自然生命为主要内容之气性，则不会有"率性之谓道"的言论。而此处之"性"，又与"中"密切相关，更证明"性"不会是气性之性，而应为义理当然之性。因此，"天命之谓性"之"命"，应为"命令"义。"天命之谓性"之"性"，"是偏就天地之心、理、道一面说。此种意义之性即是义理当然之性，内在道德性之性。此是万善万德之所从出，此则只应'尽'。人应尽性，即尽其义理当然之性所有之义理当然之要求，即尽其性分所命令汝必须为者"。[①] 牟宗三先生的说法，肯定了人性中本就具有理想人格的雏形。对于理想人格，人无须向外求索，只需向内觉知自身"性"中之"诚"即可。

①　牟宗三：《心体与性体》，上海：上海古籍出版社，1999 年，第 179 页。

二、开"即情言性"之先河

《中庸》曰："喜怒哀乐之未发，谓之中；发而皆中节，谓之和。"在《中庸》之前，将喜怒哀乐与性相联系者，只有子大叔。子大叔曾言："民有好、恶、喜、怒、哀、乐，生于六气，是故审则宜类，以制六志。哀有哭泣，乐有歌舞，喜有施舍，怒有战斗；喜生于好，怒生于恶。是故审行信令，祸福赏罚，以制死生。生，好物也；死，恶物也。好物，乐也；恶物，哀也。哀乐不失，乃能协于天地之性，是以长久。"①子大叔认为，喜怒哀乐生于六气，四者不失其度，人才能不失其性。在子大叔的基础上，《中庸》进一步提出："喜怒哀乐之未发，谓之中；发而皆中节，谓之和。"对于"喜怒哀乐之未发"，朱熹注曰："喜、怒、哀、乐，情也。其未发，则性也，无所偏倚，故谓之中。"②这一观点首次明确将喜怒哀乐看作性之外在表达，并由此开荀子所谓的"情者性之质也"等就情感言人性的先河。

三、重视后天对道德因素的践行与扩充

《中庸》认为，理想人格的达成要借助于后天的道德修养。这一思想，与孔子主张通过道德学习来达到理想人格的思想是一脉相承的。不过，《中庸》的道德修养理论在孔子的基础上，又有了新的发展。如明确提出人们在修德过程中需要保持戒慎恐惧和时时反省的心理状态，明确了处理人伦

---

① 《左传·昭公二十五年》。阮元校刻：《十三经注疏·春秋左传正义》，北京：中华书局，1980年，第2108页。

② 见朱熹：《四书章句集注》，北京：中华书局，1983年，第18页。

关系的忠恕原则。可以说，《中庸》的修身理论较之孔子更为具体，更注重发掘人所具有之修德潜质，对道德修养之论证也更坚实、更完善。

四、主张外向修养和内向修养相结合

《中庸》阐述了三种"修德"方式：一是在日常生活中时刻保持戒慎恐惧的精神状态；二是将忠恕作为处理人伦关系的准则。这两种修德方式均是借助外在准则来约束自身行为，属于外向型修德方式。三是通过觉知"性"中之"诚"来扩充善端善行，不断完善理想人格，属于内向型修德方式。因此，《中庸》的修养理论，具有将内向修德与外向修德相结合的特点。

五、重视天道与人性之关系

《中庸》对"性"与"天道"之论述，比前人更为明确、系统。首先，《中庸》"天命之谓性"充分表明，性来自天道之化育功能，其中蕴含了天道化生万物的道理。其次，《中庸》对"性"中之"诚"的描述，具有以天道类比人性的特点。《中庸》言："诚者，天之道也；诚之者，人之道也。"[①] 在《中庸》作者看来，人性中之"诚"，是天道赋予人之道德内容，人至诚方可以化育万物。故《中庸》曰："是故，君子诚之为贵。诚者，非自成己而已也，所以成物也。成己，仁也；成物，知也。""唯天下之至诚，

---

① 朱熹：《四书章句集注》，北京：中华书局，1983 年，第 31 页。

为能尽其性；能尽其性，则能尽人之性；能尽人之性，则能尽物之性；能尽物之性，则可以赞天地之化育；可以赞天地之化育，则可以与天地参矣。"①人通过诚，能尽己之性；能尽己之性，乃能尽万物之性，最终可以赞天地之化育。换言之，"诚"是贯通己之性、人之性、万物之性与天地之性的途径，人性与天道均具有"诚"的品质。从这个意义上来说，人性与天道是密切相关的。

第四节　《中庸》人性论的历史地位

总括而言，《中庸》人性论对儒家人性论的贡献，主要体现在三个方面。

首先，《中庸》首次阐述了"性"的定义，规定了"性"的内容。

在《中庸》之前，学者言"性"往往偏指一端。比如单襄公"夫人性，陵上者也，不可盖也"之语中之"性"，偏指自然人性。子大叔"淫则昏乱，民失其性"之语中之"性"，偏指符合礼义规定之理想层面的人性。而《中庸》则明确提出"天命之谓性"，不仅将自然人性看作人性之内容，还将道德人性正式纳入了人性之中。这就意味着理想人格之端绪本就存在于人性之中，人人皆有通过后天修养达至理想人格的潜质。

其次，《中庸》首次明确了人性通过后天修养达至理想人格之必然性。

从春秋中晚期开始，人性就成为士大夫阶层讨论的重要问题。如孔子曾言"人之生也直""天生德于予"，认为人性中存在道德端倪。在此基础

① 朱熹：《四书章句集注》，北京：中华书局，1983年，第32—33页。

上，孔子还进一步强调，人生而具有学习能力，通过后天的道德学习，能够庶几达至理想人格。但遗憾的是，孔子并未认识到人性通过后天修养达至理想人格的必然性。《中庸》在孔子人性思想的基础上，提出了"天命之谓性，率性之谓道"的主张，即人性本身即内含"诚"这一理想人格因素，人们后天的修养工夫，就在于觉知并运用它。这就进一步提升了人的道德主动性。

最后，《中庸》阐述的三种"修德"方式，为孟子、荀子外向修德和内向修德的分途奠定了基础。"理想人性（格）"的概念提出之后，学者就开始探讨如何达至理想人格的问题。首次明确探讨此问题的是孔子，孔子的修德学说虽亦强调自省、仁义礼智信等，但整体而言是外向型的。而《中庸》在承续孔子的外向型修德思想的基础上，从内向修德的角度指出觉知并充分发挥"性"中之"诚"，是后天"修道"的根本。而要想觉知"性"中之"诚"，首先要通过学、问、思、辨的功夫，觉知到性中之善，然后将觉知到的善端扩充到日常生活之中。这一思想的提出，为孟子、荀子内向修德和外向修德的分途奠定了基础。

本章小结

《中庸》所言之"性"，不仅兼有自然人性和道德人性的意义，还将理想人格之雏形纳入了人性之中。值得注意的是，《中庸》明确指出，喜怒哀乐若发而不中节，便会破坏"道"，因此人应当在后天注重道德修养。

《中庸》人性论对于儒家人性论最重要的贡献，是将理想人性的雏形纳入了人性之中，进一步肯认了人的道德主动性和达至理想人格的必然性。孔子认为，人们通过后天修德可以达至理想的人格。《中庸》在孔子人性思想的基础上，将人们达到理想人格的可能性"升至"必然性。在天人关系中，人的主动性进一步加强。孟子和荀子在《中庸》人性论的基础上，进一步提出"圣人与我同一"的思想，儒家对于人性的探索由此进入更为深入的阶段。

值得注意的是，《中庸》虽然肯认了人达至理想人格的必然性，但它却倾向于将这种必然性归结为天对于人之理想人格雏形赋予和天对于人的"自成"功能赋予。也就是说，《中庸》人性论对于人的道德主动性的肯认，是受限于天的。

第四章　郭店简《性自命出》人性论探赜

《性自命出》，是 1993 年于湖北荆门郭店出土的十四篇楚墓汉竹简文献之一，作者不详，篇名系竹简整理者所加。《性自命出》于 1998 年公布后，不少学者对其进行了讨论。庞朴、杜维明、李学勤几位先生均将其定为儒家文献，撰作时间界于孔孟之间。[①]《性自命出》以讨论性情问题为主旨，是研究孔孟之间这百余年间儒家人性论学说发展的重要资料。

庞朴先生认为，虽然《性自命出》对于"仁"的追求呈现出向内求索的特点，[②]但是其观点基本上是告子式的。[③]也就是说，《性自命出》的人性观念兼有道德人性与自然人性的意味。

---

① 参见杜维明《郭店楚简与先秦儒道思想的重新定位》、庞朴《孔孟之间——郭店楚简中的儒家心性说》、李学勤《郭店楚简与儒家经籍》，三文均载于《中国哲学》第 20 辑，沈阳：辽宁教育出版社，1999 年。

② 庞朴：《孔孟之间》，《庞朴文集》第二卷《古墓新知》，济南：山东大学出版社，2005年，第 18 页。

③ 庞朴：《天人三式》，《庞朴文集》第二卷《古墓新知》，济南：山东大学出版社，2005年，第 67 页。

郭齐勇先生认为,《性自命出》中言"性"是天命的,"实际预涵了此能好人的、能恶人的'好恶'之'情'即是'仁'与'义'的可能"①。除此之外,《性自命出》还申言笃诚之爱,真情真性是仁爱,以情气为善,存心养性,等等。这些主张,与孟子的心性论是相似的。因此,郭店简"性与天道"的学说是孟子心性论的先导和基础。

梁涛先生认为,"竹简的内容主要是自然人性论,但已出现向道德人性论的转化"。②

陈来先生认为:"《性自命出》主张命自天降、性自命出、情出于性、道始于情;认为天所赋予的是性,性就是天生的好恶,就是人的内在的喜怒哀乐之气;喜怒哀乐之气表现于外,便是情,情合于中节便是道。这种以生之自然者为性的看法,还是接近于自然人性论,其哲学的思考基本上是'以气论性'而不是以理为性的进路。"③陈来先生的结论是:"《性自命出》篇没有人之性皆善的思想。"④

由此可见,前辈时贤对于《性自命出》中之"性"是自然性还是道德性的认识是存在分歧的。有鉴于此,本章将立足《性自命出》文本,全面探讨"性"之内涵与性质,明晰《性自命出》在儒家人性论史上的地位。

---

① 郭齐勇:《郭店儒家简与孟子心性说》,《武汉大学学报》1999 年第 5 期。
② 梁涛:《郭店竹简与思孟学派》,北京:人民大学出版社,2008 年,第 148 页。
③ 陈来:《郭店楚简〈性自命出〉与儒学人性论》,《竹帛〈五行〉与简帛研究》,上海:三联书店,2009 年,第 76 页。
④ 陈来:《郭店楚简〈性自命出〉与儒学人性论》,《竹帛〈五行〉与简帛研究》,上海:三联书店,2009 年,第 88 页。

第一节 《性自命出》文意综述

《性自命出》于 1998 年公布后，诸多学者对简文的编连、释读、文意等展开了深入研究，但也出现了不少分歧。[①] 本节将采取简文整理者刘钊、李零等学者的整理、释读意见，对《性自命出》的简文进行梳理和概括。

李零先生以"凡"字为界，将简文划分为二十章、六个部分。简文的第一章[②]为第一部分，是全文的总纲，概述了性、心、物、情、道之间的关系；第二章至第七章为第二部分，指出了外物对于确定性之后天发展方向的意义；从第八章到第十二章为第三部分，具体阐述了外物之中，诗书礼乐如何作用于心，并对性产生教化作用；从第十三章到第十五章为第四部分，强调了心在礼乐教化中所起的作用，明确了心之于性之后天修养的重要意义；从第十六章到第十九章为第五部分，进一步阐明了情在性接受礼乐教化中所具有的重要意义；第二十章是第六部分，也是简文的总结部分，是对接受礼乐教化后所形成之君子人格的概括。

简文第一章言：

> 凡人虽有性，心无定志，待物而后作，待悦而后行，待习而后定。喜怒哀悲之气，性也。及其现于外，则物取之也。性自命出，命自天降。

---

① 上博简《性情论》公布后，有学者因"凡学者求其心为难，从其所为，近得之矣，不如以乐之速也"一句的位置与《性自命出》有异，便对《性自命出》第 36 号简的编连提出质疑。笔者认为，该句意在强调心在后天教化中的作用，且其后的简文也是围绕这句话展开论述的。因此，简文整理者的编连是正确的。

② 此分章主要采用李零先生的观点，以"凡"字作为每章开头，全文共分为二十章。

道始于情，情生于性。始者近情，终者近义。知情【者能】①出之，知义者能入之。好恶，性也。所好所恶，物也。善不【善，性也】②，所善所不善，（势）也。③

简文认为，人性的后天发展由心志来决定，而心志的确定则有待于外物的激发。人有人道，人道产生于人情，人情则是人性接受外物刺激的产物。不过，道又不完全与情等同，道是有礼有节之情，情只有合于礼义，才能成其为道。简文第一章明确了道乃性情之产物，外物对人性、心志有着激发的作用，而心志又具有决定性之发展方向的作用。④由此引发了两个问题——性在后天的发展方向是如何确定的？情、心、道、物四者对性的后天发展起着怎样的作用？

---

① 诸家均补"者能"二字。详见刘钊：《郭店楚简校释》，福州：福建人民出版社，2002年，第88页。李零：《郭店楚简校读记》，北京：中国人民大学出版社，2002年，第136页。陈伟：《郭店竹书别释》，武汉：湖北教育出版社，2002年，第178页。

② 诸家均补"善，性也"。详见刘钊：《郭店楚简校释》，福州：福建人民出版社，2002年，第88页。李零：《郭店楚简校读记》，北京：中国人民大学出版社，2002年，第136页。陈伟：《郭店竹书别释》，武汉：湖北教育出版社，2002年，第178页。

③ 简文采用宽式隶定；需要特别注明的通假字，外加（ ）；所补文字外加【 】；无法补出之字以口代表。简文释读以刘钊《郭店简校释》对《性自命出》篇的校释为主，部分疑难字句参考了陈伟、李天虹、李零等学者的看法。

④ 这段简文涉及"善不善，性也"一语。此处之"善"为何意，学术界存在分析。有学者如郭齐勇、张茂泽先生将此处之"善"解释为善恶之善。但也有学者认为此处之"善"当解释为"喜好"。李锐先生就认为此处之"善不善"与"好恶（wu）"接近。综合两种观点，我认为此处之"善不善"就要就人与物之关系而言，更可能是在描述一种喜好，李锐先生的意见可能更接近原意。参见郭齐勇：《郭店儒家简与孟子心性说》，《武汉大学学报》1999年第5期。张茂泽：《〈性自命出〉篇大不同于〈中庸〉说》，《人文杂志》2000年第3期。李锐：《孔孟之间"性"论研究》，清华大学博士学位论文，2005年。

简文第二部分（第二章到第七章）着重阐述了外物对于人性后天发展所起的作用。简文言：

> 凡性为主，物取之也。金石之有声【，弗扣】【不鸣；人】[1]虽有性[2]，心弗取不出。

> 凡心有志也，无与不【可，心之不可】[3]独行，犹口之不可独言也。

---

① 刘钊补作"也，弗扣不鸣"；李零补作"弗扣不鸣，人之"；陈伟补作"也，弗钩不鸣。人之虽有性，心弗取不出"。以上学者所补虽有小异，但并不影响对文意的理解。综合诸家观点，在此补作"弗扣不鸣；人"。详见刘钊：《郭店楚简校释》，福州：福建人民出版社，2002年，第88页。李零：《郭店楚简校读记》，北京：中国人民大学出版社，2002年，第136页。陈伟：《郭店竹书别释》，武汉：湖北教育出版社，2002年，第178页。

② 此处诸家断句不同，庞朴、陈来、刘钊、丁四新、郭沂、丁为祥、濮茅佐、丁原植、李天虹断作"性，心"；李零、陈伟、胡兰江断作"性心，"。因此句后接"凡心有志"，着重谈心之作用，故姑从前说。详见庞朴：《孔孟之间——郭店楚简中的儒家心性说》，《中国社会科学》1998年第5期。陈来：《荆门竹简之性自命出篇初探》，《中国哲学》第20辑。刘钊：《郭店楚简校释》，福州：福建人民出版社，2002年，第88页。丁四新：《郭店楚墓竹简思想研究》，武汉大学博士论文，第175页。郭沂：《郭店竹简与先秦学术思想》，上海：上海教育出版社，2001年，第25页。丁为祥：《从性自命出看儒家性善论的形成理路》，《孔子研究》2001年第3期。濮茅佐：《性情论》，马承源主编：《上海博物馆藏战国楚竹书（一）》，上海：上海古籍出版社，2001年，第225页。丁原植：《楚简儒家性情说研究》，台北：万卷楼图书有限公司，2002年，第64页。李天虹：《郭店竹简性自命出研究》，武汉：湖北教育出版社，2003年，第140页。李零：《郭店楚简校读记》，北京：中国人民大学出版社，2002年，第136页。陈伟：《郭店竹书别释》，武汉：湖北教育出版社，2002年，第178页。

③ 陈来先生补"不可"二字。李零先生补"可人之不可"五字。廖名春先生补"可心之不可"。笔者有鉴于此处之"心"正与下文之"口"对应，故此处从廖名春说。

牛生而长，雁生而伸，其性【使然。人】① 而学或使之也。②

凡物无不异也者，刚之（祝）③ 也，刚取之也；柔之约，柔取之也。四海之内，其性一也。其用心各异，教使然也。

凡性，或动之，或逆之，或实④ 之，或厉之，或出⑤ 之，或养之，或长之。

凡动性者，物也；逆性者，悦也；实性者，故也；厉性者，义也；出性者，势也；养性者，习也；长性者，道也。

凡见者之谓物，快于己者之谓悦，物之设⑥ 者之谓势，有为也者之

① 李零、刘钊补为"使然，人"；陈伟补为"也，人生"。参见刘钊：《郭店楚简校释》，福州：福建人民出版社，2002年，第88页。李零：《郭店楚简校读记》，北京：中国人民大学出版社，2002年，第136页。陈伟：《郭店竹书别释》，武汉：湖北教育出版社，2002年，第181页。从上下文来看，《性自命出》此处强调的是学对人之作用，而非强调人生而具有学之能力，姑从李零、刘钊。

② 此处诸家断句有异。李零、刘钊在"学"与"或"之间不断，陈伟断作"学，有使之也"（陈伟将李零、刘钊所释之或字读作有）。按，因前文取李零、刘钊所补之"使然，人"，故此处断句亦从李零、刘钊。参见刘钊：《郭店楚简校释》，福州：福建人民出版社，2002年，第88页。李零：《郭店楚简校读记》，北京：中国人民大学出版社，2002年，第136页。陈伟：《郭店竹书别释》，武汉：湖北教育出版社，2002年，第181页。

③ 刘钊释读为"柱"；李零释读为"树"；陈伟释读为"祝"，断绝义。我认为刘钊与李零的释读更为恰当。简文的意思是：刚的物体能用来支撑。

④ 裘锡圭先生释此字为"实"，当确。详见裘锡圭：《谈谈上博简和郭店简中的错别字》，《华学》第8辑，北京：紫禁城出版社，2003年，第52页。

⑤ 此字李零释为"绌"，陈伟、刘钊释为"出"。此姑从刘钊、陈伟所释。参见刘钊：《郭店楚简校释》，福州：福建人民出版社，2002年，第89页。陈伟：《郭店竹书别释》，武汉：湖北教育出版社，2002年，第183页。李零：《郭店楚简校读记》，北京：中国人民大学出版社，2002年，第136页。

⑥ 此字陈伟、刘钊释为"势"，李零释为"设"，这里姑从李零。参见刘钊：《郭店楚简校释》，福州：福建人民出版社，2002年，第89页。陈伟：《郭店竹书别释》，武汉：湖北教育出版社，2002年，第183页。李零：《郭店楚简校读记》，北京：中国人民大学出版社，2002年，第136页。

谓故。义也者，群善之蕝也。习也者，有以习其性也。道者，群物之道也。

简文认为，外物不论是对于性还是对于心，都具有重要意义。外物之于性虽然不具有主宰的意义，但在一定程度上能够起到激发人性的作用。利用外物中所内具之道，可帮助人心确定合理的志向，并进一步达到教化人性的效果。

那么，什么样的外物可以起到教化人性的作用呢？简文第三部分（第八章到第十二章）特别强调，诗书礼乐"生德于中"，可以起到教化人性的作用。简文言：

凡道，心术为主。道四术，唯人道为可道也。其三术者，道之而已。诗书礼乐，其始出皆生于人。诗，有为为之也。书，有为言之也。礼乐，有为举之也。圣人比其类而论会之，观其先后而逆顺之，体其义而节文之，理其情而出入之，然后复以教。教所以生德于中者也。礼作于情，或兴之也。当事因方而制之，其先后之序则宜道也。又序为之节，则文也。致容貌所以文，节也。君子美其情，贵【其义】，善其节，好其容，乐其道，悦其教，是以敬焉。拜，所以□□□□？文 [1] 也。币帛，所以为信与征也，其辞宜道也。笑，礼之浅泽也。乐，礼之深泽也。

① 此字有学者释为"度"，后公认为"文"。详见李天虹：《郭店竹简〈性自命出〉研究》，武汉：湖北教育出版社，2003 年。

凡声其出于情也信，然后其入拨人之心也厚。闻笑声，则鲜如也斯喜。闻歌谣，则陶如也斯奋。听琴瑟之声，则悸如也斯叹。观《赉》《武》，则齐如也斯作。观《韶》《夏》，则勉如也斯敛。咏思而动心，喟如也，其居次也久，其反善复始也慎，其出入也顺，始其德也。郑卫之乐，则非其声而从之也。

凡古乐龙心，益乐龙指，皆教其人者也。《赉》《武》乐取，《韶》《夏》乐情。

凡至乐必悲，哭亦悲，皆至其情也。哀、乐，其性相近也，是故其心不远。哭之动心也，浸杀，其烈恋恋如也，戚然以终。乐之动心也，濬深郁陶，其烈则流如也以悲，悠然以思。

凡忧思而后悲，凡乐思而后忻，凡思之用心为甚。叹，思之方也。其声变，则【其心变】[①]。其心变，则其声亦然。吟，游哀也。噪，游乐也。啾，游声【也】，呕，游心也。喜斯陶，陶斯奋，奋斯咏，咏斯犹，犹斯舞。舞，喜之终也。愠斯忧，忧斯戚，戚斯叹，叹斯辟，辟斯踊。踊，愠之终也。

简文提出，"道有四术"，这里的"四术"具体指什么，学界虽然历来众说纷纭，但一致认为，礼乐具有引导心术的作用。这是因为圣王在制礼作乐时，已经根据道义对它们进行了拣选和改造，因此，礼乐对人情、人

---

① 刘钊、李零补为"心从之"，陈伟补为"其心变"。此处暂从陈伟。见陈伟：《郭店竹书别释》，武汉：湖北教育出版社，2002 年，第 189 页。刘钊：《郭店楚简校释》，福州：福建人民出版社，2002 年，第 90 页。李零：《郭店楚简校读记》，北京：中国人民大学出版社，2002 年，第 137 页。

心之激发，往往是合于礼义的，礼乐入于人心，可以起到"生德于中"的作用。

接下来，简文进一步分析了礼乐作用于人心之过程。音乐来自真情实感，同时又能引发人们的感情，情至深处就会产生思索，而思索正是将道德根植于内心的重要途径。

简文第四部分（第十三章到第十五章）特别强调了心之于人性修养的重要作用。简文言：

> 凡学者求①其心为难。从其所为，近得之矣，不如以乐之速也。虽能其事，不能其心，不贵。求其心有伪也，弗得之矣。人之不能以伪也，可知也。其过十举，其心必在焉。察其见者，情焉失哉？恕②，义之方也。义，敬之方也。敬，物之节也。笃，仁之方也。仁，性之方也，性或生之。忠，信之方也。信，情之方也，情出于性。爱类七，唯性爱为近仁。智类五，唯义道为近忠。恶类三，唯恶不仁为近义。所为道者四，唯人道为可道也。

> 凡用心之躁者，思为甚。目之好色，耳之乐声，郁陶之气也，人不难为之死。有其为人之节节如也，不有夫简简之心则采。有其为人之

---

① 此字刘钊读为"求"。

② 此字刘钊读为"恕"，李零读为"悔"，陈伟读为"敏"。这段文字旨在说明情感中蕴含有道德因素，故此字应当与情感有关，当释为"恕"。

简简如也，不有夫恒^①怡^②之志则慢。人之巧言利辞者，不有夫款款^③之心则流。人之悦^④然可与和安者，不有夫奋作之情则柔^⑤。有其为人之快如也，弗牧不可。有其为人之渊^⑥如也，弗补不足。

凡人伪为可恶也。伪斯吝矣，吝斯虑矣，虑斯莫与之结矣。慎，仁之方也，有过则咎。人不慎斯犹过，信矣。

简文认为，人性在后天的发展，贵在将道德根植于心，而非仅仅使外在行为符合道德要求。而要想使人们的内心与行为均符合礼义道德的要求，就须在"心"上下功夫。礼乐乃圣人依据人心、人情、人事而作，具有"生德于中"的作用，由此成为实施教化的主要手段。

简文第五部分（第十六到第十九章）阐述了"情"在人性后天发展中的重要作用。

凡人情为可悦也。苟以其情，虽过不恶，不以其情，虽难不贵。苟有其情，虽未之为，斯人信之矣。未言而信，有美情者也。未教而民亟，性善者也。未赏而民劝，含福^⑦者也。未刑而民畏，有心畏者也。

---

① 此字李零、刘钊读为"恒"。陈伟读为"亟"，并引《方言》"亟、怜、忨、俺，爱也"。今姑从陈伟。
② 此字李零释为"始"，刘钊释为"殆"。陈伟、李天虹释为"怡"。"怡"似较优。
③ 此字李零、刘钊释为"詘"。陈伟认为"詘"与"款"通。款，诚也。今从陈伟之说。详见陈伟：《郭店竹书别释》，武汉：湖北教育出版社，2002年，第205页。
④ 此字陈伟读作"悦"，李零、刘钊读作"悦"。这里姑从李零。
⑤ 此字李零释读为"侮"，刘钊释为"瞀"，陈伟释读作"柔"。这里姑从陈伟。
⑥ 此字陈伟、李零释为"募"，刘钊读作"渊"。这里姑从刘钊。
⑦ 此字刘钊释为"含福"，李零释为"贪富"。两种解释均有牵强之处，姑从刘钊。

贱而民贵之，有德者也。贫而民聚焉，有道者也。独处而乐，有内礼者也。恶之而不可非者，达于义者也。非之而不可恶者，笃于仁者也。闻道反己，修身者也。上交近事君，下交得众近从政，修身近至仁。同方而交，以道者也。不同方而交，以故者也。门内之治，欲其掩①也。门外之治，欲其制也。

凡悦人勿吝也，身必从之，言及则明举之而毋伪。

凡交勿烈，必使有末。

凡于路毋畏，毋独言独处，则习父兄之所乐。苟无大害，少枉入之可也，已则勿复言也。

简文提出，君子具有崇德向善之心，行事合于礼义，常怀自省之心，常思克己之道，在政治生活中可以起到不教而化民的作用。因此可以说，人们只要达至君子人格境界，也就具有了从政的基本素质。

简文最后一章，是对君子人格特征的概括。简文云：

凡忧患之事欲任，乐事欲后。身欲静而勿撼②，虑欲渊而毋伪，行欲勇而必至，貌欲庄而毋伐③，【心】④欲柔齐而泊，喜欲智而无末，乐

---

① 此字刘钊释读为"掩"，李零释读为"逸"。这里暂从刘钊。
② 此字刘钊释为"撼"，其他学者释为"羡"。这里暂从刘钊。
③ 此字刘钊读为"拔"，李零读为"伐"。今从李零读为"伐"。
④ 此处从李零补"心"。

欲怿^①而有志，忧欲敛而毋昏，怒欲盈而毋掩^②，进欲逊而毋巧，退欲肃^③而毋轻，欲皆文而毋伪。君子执志必有夫广广之心，出言必有夫简简之信。宾客之礼必有夫齐齐之容，祭祀之礼必有夫齐齐之敬，居丧必有夫恋恋之哀。君子身以为主心。

简文对君子之心志与情志的描述，充分突显了"情"与"心"在人性后天发展中的重要性。

综上所述，《性自命出》开篇阐述了性、情、心、物、道之间的关系，明确提出道出自情，情出自性，心决定着性在后天的发展方向，外物具有激发性与心的作用。而在外物之中，礼乐是圣人根据礼义裁夺人情而成，能够深入人心，激发人们思考，起到生德于中的作用。既然人性在后天的发展方向由道德决定，那么修德就成为由自然人性达到理想人性的必然途径了。

第二节　《性自命出》人性论的内容

前文已述，《性自命出》全面阐述了"性"与"情"在人性修养中的重要作用，其中关于人性的论述，是了解孔孟之间的儒家心性学说发展的重要文献。

---

① 此字刘钊读为"释"，李零读为"怿"。此字当表示一种情感，故这里从李零读为"怿"。

② 此字李零读为"希"，刘钊读为"掩"，暂从刘钊。

③ 此字李零读为"肃"。

一、性的内容

《性自命出》中的"性"，具有三个层面的内涵。

第一层内涵以心与喜怒哀悲之气为主。简文言："凡人虽有性，心无定志，待物而后作，待悦而后行，待习而后定。喜怒哀悲之气，性也。"可知，《性自命出》所言之"性"，应包括心与喜怒哀悲之气，它们均是人生而即有之素质，从这个意义上来说《性自命出》所言之"性"，应为人"生而即有"之性。

除心与喜怒哀悲之气外，"性"还可以生出"情"与"仁"。简文云："情生于性。""仁，性之方也，性或生之。"由此可见，"情"与"仁"是"性"的第二层内涵。需要明确的是，"性"必然生出"情"；"性"中可能有"仁"，但并不必然生出"仁"。

除了上述两层内涵外，"性"还有第三层内涵。简文言："道始于情，情生于性。"由此可见，"道"①也可视作"性"之产物。

综上所述，《性自命出》所论之"性"，主要指人"生而即有"之性。其既包括心与喜怒哀悲之气，又包括"仁"与"道"等道德因素。值得注意的是，由《性自命出》所言的"仁，性之方也，性或生之"可知，"性"中所蕴含的道德因素并非来自天命，而是人性在经验世界接触外物时所形成的。这是《性自命出》言道德人性不同于《中庸》的地方。

---

① 此处之"道"，与"道四术，唯人道为可道也"之"道"义同，亦指礼乐教化之道。

二、性的来源

简文曰："性自命出，命自天降。"如此一来，便将性与天联系了起来。

有学者指出，"性自命出，命自天降"与《中庸》"天命之谓性"两语，对性、命、天三者关系的认识是相似的，对性之内容的认识也比较类似。①笔者认为，"性自命出，命自天降"与"天命之谓性"的内涵是有明显区别的。

首先，就字面意思看，"性自命出，命自天降"的意思是说，命只是性的来源，而天只是命的来源，天、命、性三者并不是等同的。换言之，"性自命出"之"性"只对应"命"中的一部分内容。而"天命之谓性"则意谓"天命就是性"，天命与性在内容上是等同的。

其次，"性自命出，命自天降"一语，主要侧重于天赋予人以自然生命的一面。前文已述，"性自命出"之"性"，主要指人生而即有之"性"，也即人与生俱来之官能、情感、欲望等自然特质。天、命与性只具有自然意义，并不具有道德意义。而"天命之谓性"之"天命"一词，是具有道德意义的。目前学术界普遍认为，"天命之谓性"主要从道德层面连接了天命与性。如许抗生先生认为，"天命之谓性"意谓"人之善德（人之道德性）

① 廖名春先生的《荆门郭店楚简与先秦儒学》、李学勤先生的《先秦儒家著作的重大发现》均认为，"天命之谓性"与"性自命出，命自天降"是具有很大相似性的。许抗生先生在《〈性自命出〉〈中庸〉〈孟子〉思想的比较研究》一文中指出，《性自命出》与《中庸》都把性看作来自天命，这一方面的思想是相通的；而二者都将喜怒哀乐作为性的内容，这一点也是相似的。

均源自天地自然，取法于天地自然"。① 换言之，天道之德命于人，即为人之道德性。由此可见，在阐述性之来源时，《性自命出》侧重于自然性，《中庸》侧重于道德性。

综上可知，"性自命出，命自天降"与"天命之谓性"的区别有二：首先，二语中之"性"所指之范围是不一样的。在"天命之谓性"一语中，"命"与"性"所指之范围是一致的；而"性自命出，命自天降"一语中，"性"所指之范围只是"命"之一部分。其次，二语对性、命关系的阐述重点是不一样的。"性自命出，命自天降"重在强调人之自然性来源于人之自然生命，而人之自然生命来自天。"天命之谓性"则侧重于阐述人之道德性来自天命。

《左传·成公十三年》记刘康公之言曰"民受天地之中以生，所谓命也"，亦将人之自然生命、自然性之来源归之于命，归之于天。只不过，"民受天地之中以生"一语中之"中"字，具有一定之道德意义，而"生""命""天"等概念中也夹杂有人之道德性。"性自命出，命自天降"一语中之"性""命""天"，则是纯然没有道德意义的。值得注意的是，简文开篇虽然提出了自然人性来自命，命来自天的主张，但简文的主旨在于论述后天之礼乐教化对性的作用。礼乐作为教化之工具，来自圣人对人情之裁度，而心是礼乐教化的接受主体。也就是说，教化的依据与接受主体都是人，与天并无太多关涉。庞朴先生由此提出，简文中"性"与"天"的关系，只是一个"虚悬"。②

---

① 转引自许抗生：《〈性自命出〉〈中庸〉〈孟子〉思想的比较研究》，《孔子研究》2002 年第 1 期。

② 庞朴：《天人三式》，载氏著：《庞朴文集》第二卷，济南：山东大学出版社，2005 年，第 61 页。

三、性在后天之发展方向的确定

"性"虽人人皆有，但其在后天的发展并不能完全由人自身决定。简文言："凡人虽有性，心无定志，待物而后作，待悦而后行，待习而后定。"性是人的自然本性，因受到外物的刺激而发作，后天习染决定了其发展方向。换言之，"性"是一个极其被动的存在。

"性"并非一成不变，后天习染的不同造成了人性的差异。简文曰："凡性，或动之，或逆之，或实之，或厉之，或出之，或养之，或长之。凡动性者，物也；逆性者，悦也；实性者，故也；厉性者，义也；出性者，势也；养性者，习也；长性者，道也。"外物之于性，有触动者，有迎合者，有充实者，有砥砺者，有引发者，有养成者，有提高者。外物之中，对性影响最大的，当属习与道。其中，习确定了性在后天的发展方向，道可以提升人们的道德水平。

简文言："凡道，心术为主。道四术，唯人道为可道也。其三术者，导之而已。诗书礼乐，其始出皆生于人。诗，有为为之也。书，有为言之也。礼乐，有为举之也。圣人比其类而论会之，观其先后而逆顺之，体其义而节文之，理其情而出入之，然后复以教。教，所以生德于中者也。"简文认为，诗书礼乐作为教化之道的载体，可作用于人性，提升人之道德品质。利用诗书礼乐陶冶性情，施行教化，便可达到生德于性中之效果。

简文进一步认为，只有通过礼乐教化，才能养成德才兼备的从政君子。简文言："凡忧患之事欲任，乐事欲后。身欲静而勿撼①，虑欲渊而毋伪，行

---

① 此字刘钊释为"撼"，其他学者释为"羡"。暂从刘钊。

欲勇而必至，貌欲庄而毋伐^①，【心】^②欲柔齐而泊，喜欲智而无末，乐欲怿^③而有志，忧欲敛而毋昏，怒欲盈而毋掩^④，进欲逊而毋巧，退欲肃^⑤而毋轻，欲皆文而毋伪。君子执志必有夫广广之心，出言必有夫简简之信。宾客之礼必有夫齐齐之容，祭祀之礼必有夫齐齐之敬，居丧必有夫恋恋之哀。君子身以为主心。"这段简文详细阐述了君子应具备之气度与品格。在简文作者看来，君子之所以能成为君子，就在于其对责任之主动承担，对情感之合理表达，对心志之道德约束。

四、"心"在"性"之发展过程中的重要意义

前文已述，人性在后天的发展主要取决于外物的影响。在外物之中，"心"与"情"在"性"之后天发展过程中发挥了重要作用。

简文认为，"心"决定着"性"在后天的发展方向。简文开篇云："凡人虽有性，心无定志，待物而后作，待悦而后行，待习而后定。喜怒哀悲之气，性也。及其见于外，则物取之也。性自命出，命自天降，道始于情，情生于性。始者近情，终者近义。知情者能出之，知义者能入之。好恶，性也。所好所恶，物也。善不善，性也，所善所不善，势也。凡性为主，物取之也。金石之有声，弗扣不鸣；人虽有性，心弗取不出。"由简文

---

① 此字刘钊读为"拔"，李零读为"伐"。这里暂从李零读为"伐"。

② 这里从李零补"心"。

③ 此字刘钊读为"释"。李零读为"怿"。此字当表示一种情感，故我认为"怿"较优。今从李零读为"怿"。

④ 此字李零读为"希"，刘钊读为"掩"，暂从刘钊。

⑤ 此字李零读为"肃"。

的描述可知，"性"有未发、已发之分。"性"未发之时，以"喜怒哀悲之气"为内容；其发于外后，则以"好恶""善不善"①为内容。"性"之发作，必须通过心的去取。而"心"无定志，是可以通过"习"来改变的。因此，若要确定"性"在后天的发展方向，首先要确定心志之所在，也即建立心的去取标准。

在简文作者看来，"心"不仅能够决定"性"在后天的发展方向，还是"性"接受教化的主要途径。简文云："凡道，心术为主。道四术，唯人道为可道也。其三术者，道之而已。诗书礼乐，其始出皆生于人。诗，有为为之也。书，有为言之也。礼乐，有为举之也。圣人比其类而论会之，观其先后而逆顺之；体其义而节文之，理其情而出入之，然后复以教。教，所以生德于中者也。"这段简文首先明确了"心"在教化过程中的地位。由"凡道，心术为主"可知，心术是接受教化之道的主体。接下来，简文具体阐释了心术接受教化的过程。诗书礼乐都是圣人制作出来，用以施行教化的工具。而心受到诗书礼乐之浸染后，便能"生德于中"。

心在觉知到仁义智信礼等道德品质之后，还要以德为依据，对"情"进行引导，将那些合于礼义道德的情感转化为行为。简文言："敏，义之方也。义，敬之方也。敬，物之节也。笃，仁之方也。仁，性之方也，性或生之。忠，信之方也。信，情之方也。情出于性。爱类七，唯性爱为近仁。智类五，唯义道为近忠。恶类三，唯恶不仁为近义。"

---

① "善不善"究竟指什么，学界存在分歧。有学者将其看作善恶之善，有学者将其看作善意之善。参见郭振香：《〈性自命出〉性情论辨析——兼论其学派归属问题》，《孔子研究》2005年第2期。刘钊：《郭店楚简校释》，福州：福建人民出版社，2003年。我认为，此处之"善"应以善意之善来讲。"善不善，性也"，意谓对外界之事物是否有善意，是性的内容。

综上所述，《性自命出》认为，"心"不仅决定了"性"在后天的发展方向，还是"性"接受教化之主要途径。

五、"情"在"性"之后天发展中的重要性

简文认为，"情"既是"性"最真实的外在表现，也是"性"接受礼乐教化的根据。

首先，简文指出，"情"是"性"受到外物刺激后而显发于外者。简文云："喜怒哀悲之气，性也。及其见于外，则物取之也。性自命出，命自天降。道始于情，情生于性。始者近情，终者近义……好恶，性也。所好所恶，物也。善不善，性也。所善所不善，势也。凡性为主，物取之也。"由简文的描述可知，"性"通过外物的刺激而显发于外，好恶、善不善，都是性接触外物之后所生，都是情之重要内容。换言之，"情"是"性"之显发于外者，以喜怒哀乐、好恶等情感、情绪为主要内容。

其次，"情"是"性"接受礼乐教化的根据。简文云："道始于情，情生于性。始者近情，终者近义。知情者能出之，知义者能入之。"简文提出，能够使"性"得到道德长养的"道"，本就内在于人情之中，而人情又生于人性，故"道"亦生于"性"。"性"中有"道"的提出，为"性"接受后天教化从而达至理想状态提供了可能。

简文还强调，"情"是礼乐创制的根据。简文云："诗书礼乐，其始出皆生于人。诗，有为为之也。书，有为言之也。礼乐，有为举之也。圣人比其类而论会之，观其先后而逆顺之，体其义而节文之，理其情而出入之，然后复以教。""礼作于情，或兴之也。当事因方而制之，其先后之序则宜

道也。又序为之节，则文也。致容貌所以文，节也。"由简文的描述可知，诗书礼乐皆是圣人根据人性、人情创制的，是实施教化的重要工具。

"情"除了是诗书礼乐创制的根据外，还是激发"性"中之道德因素的主要途径。简文言："敬，义之方也。义，敬之方也。敬，物之节也。笃，仁之方也。仁，性之方也，性或生之。忠，信之方也。信，情之方也。情出于性。爱类七，唯性爱为近仁。智类五，唯义道为近忠。恶类三，唯恶不仁为近义。"简文明确指出，人心在接受礼乐的教化后，就会自觉地按照义、敬、笃、仁、忠、信等道德要求来约束自身的行为。

第三节 《性自命出》人性思想的源头

《性自命出》中的人性论，继承并发展了孔子"性相近也，习相远也"的思想，同时又解决了长期困扰先秦儒家的心无定志问题。

首先，《性自命出》重视后天教化的思想，继承自孔子。

所谓"人虽有性，心无定志"，是说虽然人人皆有性，但是心并没有确定的志向。这与孔子"性相近也，习相远也"的思想是非常相似的。"性相近也，习相远也"，是孔子对先天之性与后天之习之间关系的阐述。在孔子看来，人性本是相似的，只是由于后天之习染不同才相距甚远。由此可见，《性自命出》的作者与孔子均认为，后天习染决定了人性的发展方向。

《性自命出》反复强调教化在人性发展过程中的重要作用。如《性自命出》云："四海之内，其性一也。其用心各异，教使然也。""教，所以生德于中者也。"而孔子也一直强调道德学习之于人性之作用。如《论语·子罕》载，太宰曾问子贡，孔子是否圣而多能，子贡答曰："固天纵之将圣，又多能也。"而孔子道："太宰知我乎？吾少也贱，故多能鄙事。"在这里，孔子强调自己之圣与多能，均来自后天之学习与实践。孔子又曰："三人行，必有我师焉：择其善者而从之，其不善者而改之。"孔子重视后天的道德学习，亦由此可见一斑。

需要指出的是，《性自命出》中的教化思想并非对孔子教化思想的全盘继承，而是在孔子思想的基础上，进一步点明了性在后天接受教化的关键就在于心。简文开篇曰："凡人虽有性，心无定志，待物而后作，待悦而后行，待习而后定。"这一主张，是对孔子"性相近也，习相远也"思想的进一步升华。

其次，《性自命出》对"心"的认识，继承并发展了春秋以来，人们对"心"的认识。

前文已述，"心"之于"性"具有两个方面的作用：首先，"心"决定了"性"在后天的发展方向；其次，"心"是"性"接受教化的主要途径。

简文言："凡性为主，物取之也。金石之有声，弗扣不鸣；人虽有性，心弗取不出。"这段简文的意思是说，唯有具备定志的道德心，才能够决定性的发展方向。换言之，"心"对于"性"的决定作用，来源于"心"的决策作用。

早在春秋时期，人们便认识到了"心"有决策作用。如《国语·周语》记史伯之言曰："正七体以役心。"[1] 韦昭注曰："七体，七窍也。谓目为心

---

① 《国语·郑语》。吴绍烈等校点：《国语》，上海：上海古籍出版社，1978 年，第 515 页。

视，耳为心听，口为心谈，鼻为心芳。"所谓"正七体以役心"，是说目、耳、口、鼻七窍均是为心所役使的。此外，《国语·晋语》记士蒍之言曰："贰若体焉，上下左右，以相心目"。① 由此可见，士蒍亦认识到心具有决策作用。

此外，简文在阐述教化之道时指出："凡道，心术为主……教所以生德于中者也。"这一主张，在春秋时期即已有其端倪。

首先，春秋时期，人们已经认识到"心"是教化的接受者。如楚人申叔时云："教之《春秋》，而为之耸善而抑恶焉，以戒劝其心。"② 伶州鸠亦曰："故和声入于耳而藏于心，心亿则乐。"

其次，春秋时期，人们已经认识到"心"同时是道德的拥有者与遵守者。如《国语》云："夫民劳则思，思则善心生。"③"及其得之也，必有忠信之心闲之。"④ 正是因为"心"乃道德的居所，所以常被人们视为道德的同义词。春秋时人有"远不忘君，近不逼同，居利思义，在约思纯，有守心而无淫行"之语，所谓"守心"，即指遵守道德之心。

最后，《性自命出》继承了前人关于礼乐与性情、道德关系的认识。

《性自命出》认为，礼乐出于人之性情，其中蕴含有道德因素。这一主张，无疑是对春秋时人礼乐思想的继承。

早在春秋之前，不少士大夫已经注意到了礼乐与情感的关系。如季札

---

① 《国语·晋语》。吴绍烈等校点：《国语》，上海：上海古籍出版社，1978 年，第271 页。

② 《国语·楚语上》。吴绍烈等校点：《国语》，上海：上海古籍出版社，1978 年，第528 页。

③ 《国语·鲁语下》。吴绍烈等校点：《国语》，上海：上海古籍出版社，1978 年，第205 页。

④ 《国语·周语》。吴绍烈等校点：《国语》，上海：上海古籍出版社，1978 年，第107 页。

评价《周南》《召南》曰："美哉！始基之矣，犹未也，然勤而不怨矣。"[1]他又评价《唐风》曰："思深哉！其有陶唐氏之遗民乎！不然，何忧之远也？非令德之后，谁能若是？"[2]上述两个评价充分表明，季札已注意到了《诗》是表达情感之方式。除季札外，孔子也注意到了《诗》与情感的关系。如《论语·阳货》记孔子之言曰："小子何莫学夫《诗》？《诗》，可以兴，可以观，可以群，可以怨。"[3]朱熹注"可以兴，可以观，可以群，可以怨"云："感发志意，考见得失，和而不流，怨而不怒。"[4]

春秋时期，不少士大夫也注意到了《诗》与《乐》中所蕴含之道德教化因素。如《国语·楚语》记申叔时之言曰："教之《诗》，而为之导广显德，以耀明其志；教之《礼》，使知上下之则；教之《乐》，以疏其秽而镇其浮。"[5]在申叔时看来，《诗》《礼》《乐》可以使人知晓并践行道德礼义，澄明心志。孔子也注意到了《诗》作为情感载体，所蕴含的道德价值。《论语·为政》记孔子之言曰："《诗》三百，一言以蔽之，思无邪。"[6]包咸注曰："思无邪，归于正也。"[7]

综上所述，《性自命出》提出的礼乐出于人情，其中蕴含有道德因素的

---

[1]《左传》襄公二十九年。阮元校刻：《十三经注疏·春秋左传正义》，北京：中华书局，1980年，第2006页。

[2]《左传》襄公二十九年。阮元校刻：《十三经注疏·春秋左传正义》，北京：中华书局，1980年，第2007页。

[3]《论语·阳货》。阮元校刻：《十三经注疏·论语注疏》，北京：中华书局，1980年，第2525页。

[4] 程树德：《论语集释》，北京：中华书局，1990年，第1212页。

[5]《国语·楚语上》。《国语》，上海：上海古籍出版社，1978年，第528页。

[6]《论语·为政》。阮元校刻：《十三经注疏·论语注疏》，北京：中华书局，1980年，第2461页。

[7] 程树德：《论语集释》，北京：中华书局，1990年，第65页。

主张，是对春秋时期礼乐教化思想的继承和发展。

需要特别强调的是，《性自命出》继承并发展了春秋以来"即生言性"的传统，并进一步提出"性"中有道，从而使自然人性论的发展进入了新的阶段。

春秋中晚期，人们常常从人生而即有之欲望、情感、知能等方面言性，形成了"即生言性"的传统。如单襄公认为："夫人性，陵上者也，不可盖也。"① 子产认为："夫小人之性，衅于勇，啬于祸，以足其性，而求名焉者。"② 申叔时言："夫制城邑若体性焉，有首领股肱，至于手拇毛脉，大能掉小，故变而不勤。"③ 晏子言："贤不肖，性夫。"④ 这些言论，均是就性之自然因素（自然人性）而言的。"陵上""衅于勇，啬于祸""不肖"等评价表明，在时人看来，自然人性是与礼义相背离的。《性自命出》"喜怒哀悲之气，性也""情生于性"中的"性"字，均偏指自然人性。但简文同时强调，自然人性中本就含有道德因素。如简文明确提出，"道始于情，情生于性""仁，性之方也，性或生之"等。这些主张一改孔子以来，"天生德于予""人之生也直""天命之谓性""诚者，天之道也；诚之者，人之道也"等言道德必上溯至天的传统，直接将道德与性和外物连接起来，从而增强了人的道德自主性。

此外，《性自命出》首次阐述了"心""情"与"性"的关系，为儒家

---

① 语出自单襄公，参见《国语·周语中》，上海：上海古籍出版社，1978 年，第 84 页。

② 阮元校刻：《十三经注疏·春秋左传正义》，北京：中华书局，1980 年，第 1992 页。

③《国语·楚语上》，上海：上海古籍出版社，1978 年，第 549 页。

④《晏子春秋·内篇问下第四·叔向问事君徒处之义奚如晏子对以大贤无择第二十》，张纯一：《晏子春秋校注》，上海：世界书局，1935 年，第 114 页。

人性学说的进一步发展开辟了道路。简文认为，情是礼乐的来源，其中蕴含有道德因素；而心决定着性在后天的发展方向，是性在后天接受教化的主要途径。《性自命出》对"情"与"心"的认识，对孟荀的人性观产生了重要影响。孟子在论证"性善"时提出："乃若其情，则可以为善矣，乃所谓善也。""恻隐之心，人皆有之。羞恶之心，人皆有之。恭敬之心，人皆有之。是非之心，人皆有之。恻隐之心，仁也。羞恶之心，义也。恭敬之心，礼也。是非之心，智也。仁、义、礼、智，非由外铄我也，我固有之也，弗思耳矣"。这两段话，一以情善论证性善，一以心善论证性善。荀子对"性"与"情"关系的阐述是："性者，天之就也；情者，性之质也；欲者，情之应也。"因此可以说，《性自命出》是研究孔孟之间，儒家人性论发展脉络的重要文献。

本章小结

《性自命出》对人性的阐述，对前人的观点既有继承，又有发展。

首先，《性自命出》将春秋中晚期即生言性的传统和《中庸》以情、道为性之内容的主张相结合，提出了"道始于情，情生于性"，即自然人性中也具有道德因素的主张。《性自命出》对"性"的这一认识，一改前人将道德的源头归于天的传统，明确指出即便在自然人性中，道德因素也是存在的，这就使得人的道德主体性进一步增强。

其次，《性自命出》在继承前人之人性学说的基础上，将"情""心""性"连接起来，进一步明确了"心"决定着"性"在后天发展的方向，以及

"情"在后天教化中的重要作用。以此为基础，孟子和荀子进一步提出了即心言性与即情言性等主张。

　　总括而言，《性自命出》中的人性思想，无论是道德生于自然感情的主张，还是对"情""心"在人性发展中的重要作用的认识，都是对人性中道德潜能的进一步肯定。它一方面肯定了自然人性中的道德因素，另一方面肯定了人性本就具有接受教化之素质。这就将人的道德因素和道德能动性都收束于人自身，极大地提高了人的道德能动性，标志着儒家人性论对于"天"的限制的突破。从这个意义上来说，《性自命出》中的人性论，在儒家人性论的发展史上是有着举足轻重的地位的。

第五章　孟子人性论研究

经过孔子、《中庸》、《性自命出》的发展，儒家人性论已经初成体系。围绕人性是否能够达至理想人格这一问题，孔子、《中庸》、《性自命出》提出了各自的主张。孔子提出"性相近也，习相远也"，鼓励人们在后天重视道德学习，不断提高自身的道德水平。《中庸》在孔子人性思想的基础上，进一步提出人性中内具理想人格的雏形，只要在后天发掘人性中具有的道德因素，并将其扩而充之便能达到理想人格的境界。《中庸》的这一主张，无疑使得人达至理想人格具有了必然性。与《中庸》不同，在达至理想人格的具体途径上，《性自命出》提出只要加强对情与心之教化与引导，就能达到理想人格。

值得注意的是，虽然《中庸》、《性自命出》均认识到人性中具有达至理想人格的潜质，但都没有明确提出"性善"说。而孟子首次明确提出，人性是善的。对于孟子的"性善"说，前辈时贤已经作了很多论述，但遗憾的是，很少有学者专门论及孟子"性善"论的历史地位与重要贡献。有鉴于此，本章将着重探讨孟子"性善"论的内容、特征与历史地位。

第一节　孟子人性论概述

一、孟子人性论的内容

在孟子之前，《中庸》与《性自命出》已经认识到人性中本就具有道德潜质，只是并未明确提出"性善"的观点。

孟子在与告子和公都子辩论人性的过程中，提出了"性善"的观点。孟子所谓的"性善"，主要包括两层含义。首先，"人性善"是指人性生而具有为善的倾向，但受外在形势的影响，人可能会做出不善的行为。

告子认为："人性之无分于善不善也，犹水之无分于东西也。"孟子反驳道："水信无分于东西。无分于上下乎？人性之善也，犹水之就下也。人无有不善，水无有不下。今夫水，搏而跃之，可使过颡；激而行之，可使在山。是岂水之性哉？其势则然也。人之可使为不善，其性亦犹是也。"[①] 在孟子看来，人性天然是善的，而人做出不善之行为，实乃外在形势使然。

其次，"人性善"是指人性生而具有为善的能力。

《孟子·告子上》记公都子之言曰："告子曰：'性无善无不善也。'或曰……今曰信善，然则彼皆非与？"孟子反驳道："乃若其情，则可以为善矣，乃所谓善也。若夫为不善，非才之罪也。恻隐之心，人皆有之。羞恶之心，人皆有之。恭敬之心，人皆有之。是非之心，人皆有之。恻隐之心，仁也。羞恶之心，义也。恭敬之心，礼也。是非之心，智也。仁、义、礼、智，非由外铄我也，我固有之也，弗思耳矣。故曰：求则得之，舍则失之。

---

① 阮元校刻：《十三经注疏·孟子注疏》，北京：中华书局，1980年，第2748页。

或相倍蓰而无算者，不能尽其才者也。"①孟子从情实出发，认为人是生而具有为善的能力的，恻隐之心、羞恶之心、恭敬之心、是非之心这四心是性善的萌芽和发端，进一步将它们扩充完善，便是仁义礼智四德。值得注意的是，孟子在肯定性中有仁义礼智之端的同时，并没有把自然人性排除在人性之外。告子曰："食、色，性也。仁，内也，非外也。义，外也，非内也。"②孟子只是反驳了告子"仁内义外"的观点，并未反驳其"食、色，性也"的观点。可见，孟子并没有把自然人性排除在人性之外。不过，值得注意的是，孟子又提出，耳目口鼻之欲是人生而即有的本性，而君子应将礼义礼智根植于心。因此，孟子曰："口之于味也，目之于色也，耳之于声也，鼻之于臭也，四肢之于安佚也，性也。有命焉，君子不谓性也。仁之于父子也，义之于君臣也，礼之于宾主也，知之于贤者也，圣人之于天道也，命也。有性焉，君子不谓命也。"③赵岐注云："口之甘美味，目之好美色，耳之乐五音，鼻之喜芬香……四肢懈倦，则思安逸不劳苦。此皆人性之所欲也，得居此乐者，有命禄，人不能皆如其愿也。凡人则触情从欲而求可乐，君子之道，则以仁义为先，礼节为制，不以性欲而苟求之也，故君子不谓之性也。仁者得以恩爱施于父子，义者得以义理施于君臣，好礼者得以礼敬施于宾主，知者得以明知知贤达善，圣人得以天道王于天下，

---

①《孟子·告子上》。阮元校刻：《十三经注疏·孟子注疏》，北京：中华书局，1980 年，第 2751 页。

②《孟子·告子上》。阮元校刻：《十三经注疏·孟子注疏》，北京：中华书局，1980 年，第 2748 页。

③《孟子·尽心上》。阮元校刻：《十三经注疏·孟子注疏》，北京：中华书局，1980 年，第 2775 页。

此皆命禄，遭遇乃得居而行之，不遇者不得施行。然亦才性有之，故可用也。凡人则归之命禄，任天而已，不复治性。以君子之道，则修仁行义，修礼学知，庶几圣人亹亹不倦，不但坐而听命，故曰君子不谓命也。"①

二、孟子性善论之根据

孟子认为，人性天然具有为善之倾向和能力，因此在明确提出"性善"论之后，接着论证了性善之根据。具体来说，仁义礼智四端为人心所固有，故人皆有为善之倾向；心具有觉知并扩充四端之能力，故人皆有为善之能力。在此基础上，孟子进一步提出性善是天命对人性之要求。

首先，孟子提出，人心所固有的仁义礼智，是"性善"的萌芽与开端。孟子曰："恻隐之心，人皆有之。羞恶之心，人皆有之。恭敬之心，人皆有之。是非之心，人皆有之。恻隐之心，仁也。羞恶之心，义也。恭敬之心，礼也。是非之心，智也。仁、义、礼、智，非由外铄我也，我固有之也，弗思耳矣。"②

接下来，孟子从现实经验出发，阐述了人性本善。孟子言：

> 今人乍见孺子将入于井，皆有怵惕恻隐之心，非所以内交于孺子之父母也，非所以要誉于乡党朋友也，非恶其声而然也。由是观之，无

---

① 参见阮元校刻：《十三经注疏·孟子注疏》，北京：中华书局，1980 年，第 2775 页。
②《孟子·告子上》。阮元校刻：《十三经注疏·孟子注疏》，北京：中华书局，1980 年，第 2751 页。

恻隐之心，非人也；无羞恶之心，非人也；无辞让之心，非人也；无是非之心，非人也。①

孟子认为，恻隐之心、羞恶之心、辞让之心、是非之心既是人之所以为人的本质属性，同时又是仁义礼智之端。赵岐注曰："凡有四端于我者，知皆扩而充之矣。""孟子又言凡人所以有四端在于我己者，能皆廓而充大之，是若火之初燃，泉之始达，而终极乎燎原之炽，襄陵之荡也。"在孟子看来，人们只有在后天充分扩充此四端，才能具备仁义礼智的品质。孟子"苟能充之，足以保四海；苟不充之，不足以事父母"之语，即是证明。

其次，孟子认为，心具有觉知并践行仁义礼智四端的能力。

孟子提出"四端"说之后，紧接着提出："凡有四端于我者，知皆扩而充之矣。"在孟子看来，仁义礼智四端虽然内在于心，但仍需要后天之觉知、扩充，才能转化为仁义礼智四德。孟子言："仁、义、礼、智，非由外铄我也，我固有之也，弗思耳矣"。故曰：'求则得之，舍则失之'。"在这里，孟子特别强调了心的作用，人们只有经过心之思虑，才能觉知四端的存在。在此基础上，孟子进一步言："耳目之官不思，而蔽于物，物交物，则引之而已矣。心之官则思，思则得之，不思则不得也。此天之所与我者，先立乎其大者，则其小者弗能夺也。此为大人而已矣。"赵岐注曰："人有耳目之官，不思，故为物所蔽。官，精神所在也，谓人有五官六府。物，事也。利欲之事来交引其精神，心官不思善，故失其道而陷为小人也。此

---

① 《孟子·公孙丑上》。阮元校刻：《十三经注疏·孟子注疏》，北京：中华书局，1980年，第2690—2691页。

乃天所与人情性，先立乎大者，谓生而有善性也。小者，情欲也。善胜恶，则恶不能夺之而已矣。"① 由此可知，在孟子看来，心是具有觉知四端并扩充四端之能力的。

最后，孟子提出，性善为天命对人性的要求，而人可以通过扩充四端来达到这一要求。

关于"性"与"天命"之关系，《中庸》曾有论及。《中庸》曰："天命之谓性，率性之谓道。"意谓人之性是上天所赋予的，按照上天的要求去做就是道。孟子在《中庸》的基础上，进一步提出性善就是天命对人性的要求。孟子曰：

> 尽其心者，知其性也。知其性，则知天矣。存其心，养其性，所以事天也。②

赵岐注曰："性有仁、义、礼、智之端，心以制之，惟心为正。人能尽极其心，以思行善，则可谓知其性矣。知其性，则知天道之贵善者也。能存其心，养育其正性，可谓仁人。天道好生，仁人亦好生。天道无亲，惟仁是与。行与天合，故曰所以事天也。"在孟子看来，尽心就是知性，同时也是知天和事天。天道具有"贵善"的品质，人也应当不断地扩充四端，将其发展为四德。

---

①《孟子·告子上》。阮元校刻：《十三经注疏·孟子注疏》，北京：中华书局，1980年，第2753页。

②《孟子·尽心上》。阮元校刻：《十三经注疏·孟子注疏》，北京：中华书局，1980年，第2764页。

综上所述，孟子的"性善"论主要有三个理论依据：一、心有仁义礼智四端；二、心有觉知并扩充四端的能力；三、性善是天命对人性的要求，而人可以通过对四端的扩充来达到这一要求。

三、小结

孟子言"人性善"，有两个层面的含义：首先，人性生而具有为善的倾向，受外在形势的影响，人可能会做出不善的行为。其次，人心不仅具有仁义礼智四端，并且具有为善的能力。

孟子的"性善"论，主要有三个理论依据：首先，人有恻隐之心、羞恶之心、辞让之心和是非之心，这四心是性善的开端。其次，心可以通过思索来觉知仁义礼智之端，并将之贯穿到日常行为之中。最后，人性中本有善端，天命又要求人积德行善，故人性本善。

第二节　孟子"性善"论的特点

总括而言，孟子的人性观具有两大特点。

第一，以善言性。

围绕人性是否能够通过后天修德达至理想人格这一问题，古今学者从多个角度进行了探讨。孔子提出"天生德于予""人之生也直"的观点，认为人性中本就有道德端倪。《中庸》在孔子的基础上，提出了"天命之谓性，率性之谓道"的说法，认为道德与理想人格的雏形本就内在于人性之中，人性天然符合道的要求。《性自命出》则提出"道始于情，情生于性""仁，性之方也"等主张，认为人情中本即有德。与上述主张侧重于探讨人性中是否有德不同，孟子首次明确提出"性善"论。

孟子论证"性善"，是从两个方面着手的。

首先，孟子认为，人生而即有恻隐之心、羞恶之心、恭敬之心、是非之心，这四心正是仁义礼智之端。其次，孟子还指出，人心具有通过思索觉知仁义礼智之端，并命令四肢去践行四端的能力。换言之，人性具有行善的能力。

由此可见，孟子所谓的"性善"，一方面指人性中具有道德端绪，一方面指人性具有实践道德的能力。因此，"善"既强调道德端绪，又强调践行道德的能力。可以说，孟子的"性善"论进一步提高了人的道德主动性。

第二，以心善论证性善，突出了心之于性的重要性，并进一步突显了人性的道德潜质。

《性自命出》对"性"与"情"关系的阐述是："性自命出，命自天降。道始于情，情生于性。"这段话意在强调"情"是"性"接于物后的外发显现，情中本即有德，心可以命令四肢去践行仁义礼智四德。自此之后，学者们开始从心、情等经验层面来论证人性与道德之关系。孟子就心善言性善的思路，即是对《性自命出》从经验层面言性的继承与发展。

首先，孟子在《性自命出》以"心"为教化接受者的基础上，进一步指出"心"本身又是道德的承担者，从而提高了人性的道德地位。

《性自命出》虽然开创了通过心来论证性的先河，但需要指出的是，"心"本身并不具有德。虽然《性自命出》言"道始于情终于义""仁，性之方也"，但道与仁都只是"性"发于外后所呈现出的内容，并不能说明道与仁为性所固有。孟子言："今人乍见孺子将入于井，皆有怵惕恻隐之心，非所以内交于孺子之父母也，非所以要誉于乡党朋友也，非恶其声而然也。由是观之，无恻隐之心，非人也；无羞恶之心，非人也；无辞让之心，非人也；无是非之心，非人也。"孟子从人们乍见孺子入于井，都会从心中升起恻隐之心、羞恶之心、辞让之心、是非之心的经验事实出发，得出"乃若其情，则可以为善矣，乃所谓善也"的结论。在孟子的思想中，心不再仅仅是道德的接受者，而且成为道德的承担者和传播者。这一观点的提出，使得道德无须求之于人性之外，由此提高了人性的道德地位。

其次，孟子提出心具有扩充四端的作用，进一步明确了心对于人性道德发展的重要性。

早在春秋时期，人们已经认识到了心具有的道德决策作用。《性自命出》在此基础上，进一步提出了"人虽有性，心无定志"的主张。孟子继承并发展了前人的认识，提出了心具有觉知并扩充四端的功能。孟子言："仁、义、礼、智，非由外铄我也，我固有之也，弗思耳矣。"孟子又言："耳目之官不思，而蔽于物，物交物，则引之而已矣。心之官则思，思则得之，不思则不得也。此天之所与我者，先立乎其大者，则其小者弗能夺也。此为大人而已矣。"[1]在孟子看来，"心"有能力主动走向善，由此从经验层面证明了性善的必然性。相比于《中庸》与《性自命出》，孟子直接以心善言性善的思路，标志着人的道德主动性的进一步提升。

最后，孟子认为，人心不仅是天命的被动接受者，还可以主动与天沟通。

---

[1]《孟子·告子下》。阮元校刻：《十三经注疏·孟子注疏》，北京：中华书局，1980 年，第 2753 页。

孟子以前的学者普遍认为，心是被动接受天命之一方。如"天诱其衷，启敝邑之心"①（《左传》襄公二十五年）、"楚王方侈，天或者欲逞其心"②（《左传》昭公四年）、"天不靖周，生颓祸心"③（《左传》昭公二十六年）等。而在孟子看来，心不仅仅是被动接受天命，还可以主动与天沟通。如孟子曰："尽其心者，知其性也。知其性，则知天矣。存其心，养其性，所以事天也。夭寿不贰，修身以俟之，所以立命也。"④综合各家注疏⑤来看，这段话有两层含义：其一，心有仁义礼智四端，尽人心则知人性之以善为目的，知人性以善为目的，则知天道好生，因此，存心养性即协助天道好生之德；其二，心有仁义礼智四端，此为天所赋之性，尽心之四端，则知天

①《左传·襄公二十五年》。阮元校刻：《十三经注疏·春秋左传正文》，北京：中华书局，1980 年，第 1985 页。

②《左传·昭公四年》。阮元校刻：《十三经注疏·春秋左传正文》，北京：中华书局，1980 年，第 2033 页。

③《左传·昭公二十六年》。阮元校刻：《十三经注疏·春秋左传正文》，北京：中华书局，1980 年，第 2114 页。

④《孟子·尽心上》。阮元校刻：《十三经注疏·孟子注疏》，北京：中华书局，1980 年，第 2764 页。

⑤ 赵岐注："性有仁、义、礼、智之端，心以制之，惟心为正。人能尽极其心，以思行善，则可谓知其性矣。知其性，则知天道之贵善者也。能存其心，养育其正性，可谓仁人。天道好生，仁人亦好生。天道无亲，惟仁是与。行与天合，故曰所以事天也。贰，二也。仁人之行，一度而已。虽见前人或夭或寿，终无二心改易其道。夭若颜渊，寿若邵公，皆归之命。修正其身，以待天命，此所以立命之本。"正义曰："仁、义、礼、智根于心，是性本固有而为天所赋也。尽恻隐、羞恶、恭敬、是非之心，则是知仁、义、礼、智之性。知吾性固有此者，则知天实赋之者也。如存此恻隐、羞恶、恭敬、是非之心，以长育仁、义、礼、智之性，是所以事天者也，是性即天也。故存心养性，是为事天矣。又言人之于命，虽有或夭或寿，但操执其心而不二也。既夭寿不二，而修其身以待其在天者如何耳，如是所以为能立命之本也。以其夭寿皆定于未形有分之初，亦此而不二也，不可徼求之矣，但修其在我以待之，是为立命也。如于夭寿而二其心，以废其所以修其在我者，则非所以立命者也。"

之所赋予人之潜能，故尽心则为尽性，则为尽天之所赋之潜能。孟子此言，特别强调了人无须借助于外物，只需体贴内心之四端即可知晓天之意志，也即知晓天对人之规定以及天对人之赋予。由此可见，在孟子眼中，心不仅仅是被动接受天命，还能主动与天沟通。

孟子对"心"的认识，在其"性善"论中占有重要地位。孟子认为，心有四端，心有扩充四端的能力，心可主动与天沟通，这些均是孟子"性善"说的重要论据。不仅如此，孟子对"心"的认识，突破了前人认识的局限。如孔子只是认为人性中有道德潜质，《中庸》只是认为人性中有"诚"，《性自命出》只是认为"仁"为"性之方"，均未明确提出道德为人性所固有。孟子言心有四端，心具有扩充四端之能力，尽心可知天，论证了人性具有主动认知天命，践行天命的能力。由此可见，孟子对于"心"的认识，肯定了人内向修德的可能性，这就使得人的道德地位和道德实践主动性均有了较大的提高。

第三节　孟子"性善"论的历史地位

首先，孟子对"性"之讨论不再局限于性中是否有德，而是将能否行善也纳入了讨论范围。

在孟子之前，学者很少论及人性是否有道德实践能力。如孔子曰："吾少也贱，故多能鄙事。"孔子又曰："三人行，必有我师焉，择其善者而从之，其不善者而改之。"《中庸》虽有"自诚明，谓之性；自明诚，谓之教"之语，但此语意在强调"性"为人们在后天践行道德提供了可能。《性自命出》虽然认为"情"可生出道，但亦未论证人性中是否具有践行道德之能力。

孟子以善论性，且特别强调人性对善的践行。孟子认为，人性中不仅有道德端绪，还有觉知、践行并扩充道德端绪之能力。因此，孟子"性善"论的提出，进一步提升了人达至理想人格的可能性。

其次，孟子通过以心善论证性善，将道德潜质归之于人性之中，这无疑进一步提高了人的道德主动性。

在孟子之前，学者们或借助于天，或借助于对具体行为之观察来探讨道德。如孔子言"天生德于予""人之生也直"。《中庸》言"天命之谓性，率性之谓道"。《性自命出》言"道始于情，情生于性"。由此可见，孟子以前的学者对于人性中是否具有道德端绪的论证，是仰赖于外物的。

不仅如此，孟子以前的学者对于人性中是否具有实践道德之动力或者能力的论证，也是借助于天或者其他外物的。如《中庸》言："自诚明，谓之性；自明诚，谓之教。""诚者，天之道也；诚之者，人之道也。"在《中庸》作者看来，天有诚，故人亦当有诚。换言之，"诚"并非纯然内在于人性之中，而是有外在凭借的。《性自命出》认为，教化可以"生德于中"，心所具有的道德践行能力源于外在教化的推动，而非心本有之潜能。因此，孟子以前的学者普遍认为，人性是受限于天与外物的。

孟子提出心有四端、心可扩充四端的观点。自此以后，道德就成为性中固有之物，无须再仰赖于天或外物；实践道德的能力也完全收束为性中本有之能力，而无须向外求索了。就这个意义而言，孟子的人性学说在客观上突破了天与外物对人性的限制，给予了人性更大的独立性和主动性。

本章小结

孟子的人性论，以"性善"论为主要内容。孟子认为，人性中有为善的倾向和为善的能力，并从心有四端、心具有扩充四端的能力两个方面入手，论证了人性是善的。在倡言性善的同时，他还强调，应将自然人性看作性外之物。孟子的人性论，不再将人性中之道德因素上溯至天，而是直接以心善论证性善，在一定程度上提高了人的道德主动性。不仅如此，孟子对于性中之道德倾向、道德实践能力的阐述，突破了孔子、《中庸》、《性自命出》以天道言人性的局限，进一步提升了人性达至理想人格的可能性。

第六章　荀子人性论探索

先秦儒家论性中最有特色者，当属荀子。孔子、《中庸》、《性自命出》、孟子对"性"之评判，均以正面为主。如孔子言"天生德于予""人之生也直"。《中庸》言："天命之谓性，率性之谓道，修道之谓教。""自诚明，谓之性；自明诚，谓之教。"《性自命出》言"道始于情，情生于性"。孟子直接以心具有并可以扩充仁义礼智之端来言"性善"。而荀子则首以"性恶"论性。

第一节　荀子言"性"之内涵

荀子所谓的"性恶"之"性"，多数学者认为指生而即有之自然人性。如陶师承《荀子研究》认为，荀子所言之"性"，指人生而具有之物，"感觉"为"性"之代表。① 郭志坤认为，荀子"把人的生理素质看成是'性'，

---

① 陶师承：《荀子研究》，上海：大东书局，1926 年，第 134—135 页。

恶就是与生俱来的自然的'天情'。'伪'是'感而不能然，必且待事而后然者'，即不是天然成就的，必须通过学习、加工制作才能做到的，这就是'礼义'"。①吴乃恭认为，在荀子的思想中，生来就是这样的叫作性，这是性的第一个层次；第二个层次的性指由阴阳相结合的气所生，主观精神同外界事物相接触产生一种感应，即心理活动。②

通观《荀子》全书，《正名》篇对"性"之阐述最为全面。

> 散名之在人者，生之所以然者谓之性。性之和所生，精合感应，不事而自然谓之性。性之好、恶、喜、怒、哀、乐谓之情。③

这段话认为，"性"包括两个层次：一为"生之所以然"之性；二为"性之和所生，精合感应，不事而自然"之性。总体而言，学界对这两个层次的"性"的解释，可分为两派。一派以杨倞和徐复观为代表；一派以廖名春为代表。

杨倞和徐复观均认为，《荀子》这段话旨在说明，天在赋予人生命的同时，亦将其化育万物之道理，也即天道赋予了人。此处之"性"，主要指与天道相通之性。④杨倞注"性之和所生，精合感应，不事而自然者"曰：

———————————

① 郭志坤：《荀学论稿》，上海：三联书店，1991年，第172页。

② 吴乃恭：《荀子性恶论新议》，《孔子研究》1988年第4期。

③《荀子·正名》。王先谦：《荀子集解》卷十六，北京：中华书局，1988年，第413页。

④ 杨倞注"生之所以然者谓之性"曰："人生善恶，故有必然之理，是所受于天之性也。"徐复观先生认为："'生之所以然'，乃是求生的根据，这是从生理现象推进一层的说法。此一说法，与孔子的'性与天道'及孟子'尽其心者知其性也'的性，在同一个层次，这是孔子以来，新传统的最根本的说法。若立足于这一说法，则在理论上，人性即应通于天道。"

"言人之性，和气所生，精合感应，不事而自然。言其天性如此也。"在杨倞看来，这里的"性"，无疑指人生而即有之自然生命之功能。徐复观亦认为："'性之和所生'一句的'性'字，正直承上面所说的'生之所以然'的'性'字而言，这指的是上一层次的、最根本的性。这也可以说是先天的性，由此先天的性，与生理相和合所产生的官能之精灵，与外物相合，外物接触于官能所引起的官能的反应。"由此可见，杨倞和徐复观均认为，第一个性主要指与天道相通之人性；第二个性主要侧重于以官能能力及官能反应为主的自然人性。

廖名春则认为，"生之所以然者谓之性"即"生之所以生者谓之性"，此处之"性"，指"人的形体器官，它包括目、耳、口、鼻、身等"。而"'性之和所生'即'生之所以然者之和所生'之物……这是心理学上的性"。① 我认为，廖名春先生将"生之所以然者谓之性"解释为"生之所以生者谓之性"，将"性"解释为形体器官，较为生硬；而杨倞、徐复观两位先生的观点是较为合理的。

首先，杨倞、徐复观将第一个"性"字解释为通于天道之性，有其道理。《中庸》言："天命之谓性，率性之谓道。"朱熹注"天命之谓性"云："命，犹令也。性，即理也。天以阴阳五行化生万物，气以成形，而理亦赋焉，犹命令也。于是人物之生，因各得其所赋之理，以为健顺五常之德，所谓性也。"荀子虽然重视即生言性，但也有类似的观点。荀子曾有言：

　　君子养心莫善于诚，致诚则无它事矣。惟仁之为守，惟义之为行。

---

① 廖名春：《〈荀子〉新探》，北京：中国人民大学出版社，2014年，第82—86页。

诚心守仁则形，形则神，神则能化矣。诚心行义则理，理则明，明则能变矣。变化代兴，谓之天德。①

这一段话讨论了君子修身养性的途径。在荀子看来，天化育万物的功能中蕴含有天道，天道之德可被概括为"诚"。因此，作为天道之德的诚，也是人天然具有的一种素质。荀子对天道之德的这一认识，为杨倞与徐复观将"生之所以然者谓之性"之"性"解释为与天道相通之性提供了理论依据。需要指出的是，人性中有天道之德——诚，与荀子之"性恶"说并不相抵触。荀子之"性恶"说是从经验的角度而言的，而非从天人关系之角度而言的。

其次，徐复观将"性之和之所生，精合感应，不事而自然谓之性"解释为"与生理相和合所产生的官能之精灵，与外物相合，外物接触于官能所引起的官能的反应"，也是符合《荀子》言"性"之内容的。

荀子所言之"性"，主要包括知能与情欲。

首先，在《荀子》中，"性"常与知能连用。如：

材性知能，君子、小人一也。②

知虑材性，固有以贤人矣。③

譬之越人安越，楚人安楚，君子安雅，是非知能材性然也，是注错

---

①《荀子·不苟》。王先谦：《荀子集解》，北京：中华书局，1988 年，第 46 页。

②《荀子·荣辱》。王先谦：《荀子集解》，北京：中华书局，1988 年，第 61 页。

③《荀子·荣辱》。王先谦：《荀子集解》，北京：中华书局，1988 年，第 61 页。

习俗之节异也。①

荀子曾曰："性者，本始材朴也。"故引文中"材性"之"材"，当为"性"之修饰语，表示性之本始材朴的自然状态。结合《荀子》"凡以知，人之性也"之语可知，"性"应当包括知与能。所谓知，应该指认知能力；所谓能，应当指五官四肢之能力。"性"有知能的说法，正好符合徐复观先生所谓的"官能的精灵"，也即"官能的能力"。

其次，"性"中有情欲。《荀子》开篇曰：

> 性者，天之就也；情者，性之质也；欲者，情之应也。以所欲为可得而求之，情之所必不免也。②

在荀子看来，"情"是"性"之本质内容，"情"一旦与外物相接，就会表现为欲望。因此，"情""欲"均是"性"之重要内容。而所谓"情""欲"，在《荀子》中有如下表现：

> 今人之性，生而有好利焉，顺是，故争夺生而辞让亡焉；生而有疾恶焉，顺是，故残贼生而忠信亡焉；生而有耳目之欲，有好声色焉，顺是，故淫乱生而礼义文理亡焉。③

---

① 《荀子·荣辱》。王先谦：《荀子集解》，北京：中华书局，1988年，第61—62页。
② 《荀子·正名》。王先谦：《荀子集解》，北京：中华书局，1988年，第428页。
③ 《荀子·性恶》。王先谦：《荀子集解》，北京：中华书局，1988年，第434页。

由引文可知，情欲至少包括好利、疾恶、耳目之欲三个方面的内容，三者即徐复观先生所言之"外物接触于官能所引起的官能的反应"。

综上所述，《荀子·正名》篇所言之"性"，主要包括两个层次：一是"生之所以然者谓之性"，特指与天道相通之人性，这种人性往往表现为"诚"；二是"性之和所生，精合感应，不事而自然"之"性"，主要以官能能力和官能与外物接触时所产生之反应为内容，与后天之"伪"相对应存在。

综观先秦儒家人性论可知，荀子将"性"区分为在天者与在人者，是非常具有创新意义的。荀子之前，学者们并不区分与天道相通之性和自然人性。比如在《中庸》中，"性"一方面指与天道相通之"性"，如"率性之谓道"之"性"，即主要侧重于与天道相通之"性"；另一方面，"性"还具有自然人性的意义，如"喜怒哀乐之未发，谓之中；发而皆中节，谓之和"。由此可见，《中庸》中之"性"，并不区分与天道相通之性和自然人性。《孟子》曾言："尽其心者，知其性也，知其性，则知天也。"[1] 知其性便能知天，则此处之"性"，必是与天道相通之性。孟子又以"乃若其情，则可以为善矣，乃所谓善也"来论证性善，其中"乃若其情"之"情"，就具有情实、自然情感之意。所谓"性善"，也即"情善"。因此，此处之"性"，主要指自然人性。由此可见，《孟子》中之"性"也未区分与天道相通之性和自然人性。《性自命出》言"喜怒哀悲之气，性也"，隐含有将自然人性与通于天道之性相区分的端倪，但并未明确划分自然人性和通于天道之性之间的界线。而荀子明确区分了与天道相通之性与人在经验层面表

---

[1]《孟子·尽心上》。阮元校刻：《十三经注疏·孟子注疏》，北京：中华书局，1980年，第 2764 页。

现出之自然人性，这种区分无疑是其天人之分思想 [1] 的反映。从某种意义上说，荀子对"性"的两个层次的划分，是对自然人性中具备道德潜质的进一步肯定，具有突破天对人性的限制的意义。

第二节　"性恶"论解析

陶师承、陈登元、郭沫若等学者均认为，荀子主要是从顺从情感、欲望而为可能会导致恶的结果的角度来论证"性恶"的。[2] 本节将立足于《荀子》文本，对于"性恶"说进行深透的解析。

一、荀子"性恶"论的含义

《荀子·性恶》篇，集中阐述了为何"人性恶"。

> 今人之性，生而有好利焉，顺是，故争夺生而辞让亡焉；生而有
> 疾恶焉，顺是，故残贼生而忠信亡焉；生而有耳目之欲，有好声色焉，

---

① 晁福林指出，荀子认为天有常规，人有等级，"自知者不怨人，知命者不怨天，怨人者穷，怨天者无志"（《荀子·荣辱》）。荀子所说的"不怨天"的"知命者"，就是"明于天人之分"的"至人"，亦即"顺命以慎其独"（《荀子·不苟》）的君子。荀子承认"人之命在天"，亦承认"诚"是人与天共同的准则，故其所谓"明于天人之分"，只是为了明确天人各有职分，而人之职分在于礼义。

② 陶师承：《荀子研究》，上海：大东书局，1926年，第134—135页。郭沫若：《郭沫若全集·历史编》第2卷，北京：人民出版社，1981年，第223页。陈登元：《荀子哲学》，上海：上海三联书店，2014年，第155页。

顺是，故淫乱生而礼义文理亡焉。然则从人之性，顺人之情，必出于争夺，合于犯分乱理而归于暴。……用此观之，然则人之性恶明矣，其善者伪也。①

由此可见，荀子所言之"性恶"，并非指人性本身是恶的，而是指"顺性而为可能会导致恶的结果"。荀子对"性恶"的界定是："从人之性，顺人之情，必出于争夺，合于犯分乱理而归于暴……用此观之，然则人之性恶明矣。"由此可见，荀子所言之"恶"，主要指"犯分乱理"，也即对社会秩序的破坏。在荀子看来，人性生而即有引起社会纷争，破坏社会秩序的恶质。荀子的"性恶"论，在先秦诸子关于人性的评断中，可谓独树一帜。

二、荀子"性恶"论的依据

总括而言，荀子的"性恶"论，主要有三个方面的依据。

其一，情欲会导致犯分乱理。

荀子主要是从"情欲"的视角来论述人性的。如《荀子》言：

今人之性，生而有好利焉，顺是，故争夺生而辞让亡焉；生而有疾恶焉，顺是，故残贼生而忠信亡焉；生而有耳目之欲，有好声色焉，顺是，故淫乱生而礼义文理亡焉。然则从人之性，顺人之情，必出于争夺，合于犯分乱理而归于暴。……用此观之，然则人之性恶明矣。②

①《荀子·性恶》。王先谦：《荀子集解》，北京：中华书局，1988年，第434页。
②《荀子·性恶》。王先谦：《荀子集解》，北京：中华书局，1988年，第434—435页。

在荀子看来，若是顺着"本始材朴"的自然之性发展，就会导致争夺乃至暴乱。因此，导致"性恶"的关键点，就在于顺从性中之情欲。

其二，情欲会遮蔽官能之聪明，侵蚀先天之朴与资。

荀子认为，由情欲导致的蒙蔽，是人之大患。如《荀子》曰：

> 凡人之患，偏伤之也。见其可欲也，则不虑其可恶也者；见其可利也，则不虑其可害也者。是以动则必陷，为则必辱，是偏伤之患也。①

杨柳桥对这段话的理解是："人们所担心的，就是由于失之于偏邪：见到可以贪图的事物，就不去考虑一下它可以厌恶的一方面；见到可以取利的事物，就不去考虑一下它可以受害的一方面。因此，一举动就必然遭到失败，一施行就必然遭到耻辱。这便是失之于偏邪的危害。"②

关于"蔽"的表现和危害，《解蔽》篇说得很详细。其文曰："故为蔽：欲为蔽，恶为蔽；始为蔽，终为蔽；远为蔽，近为蔽；博为蔽，浅为蔽；古为蔽，今为蔽。凡万物异则莫不相为蔽。此心术之公患也。"杨柳桥对这段话的理解是："情欲可以成为蒙蔽，憎恶可以成为蒙蔽；开始可以成为蒙蔽，终结可以成为蒙蔽；疏远可以成为蒙蔽，亲近可以成为蒙蔽；广博可以成为蒙蔽，鄙浅可以成为蒙蔽；好古可以成为蒙蔽，悦今可以成为蒙蔽。蒙蔽是心术的通病。"③

---

① 《荀子·不苟》。王先谦：《荀子集解》，北京：中华书局，1988年，第51页。

② 杨柳桥：《荀子诂译》，济南：齐鲁书社，2009年，第44页。

③ 杨柳桥：《荀子诂译》，济南：齐鲁书社，2009年，第418页。

在荀子看来，"蔽"的最大危害，便是侵蚀人性中天然具有之朴与资。如《荀子》言：

> 今人之性，生而离其朴，离其资，必失而丧之。用此观之，然则人之性恶明矣。所谓性善者，不离其朴而美之，不离其资而利之也。使夫资朴之于美，心意之于善，若夫可以见之明不离目，可以听之聪不离耳，故曰目明而耳聪也。今人之性，饥而欲饱，寒而欲暖，劳而欲休，此人之情性也。今人见长而不敢先食者，将有所让也；劳而不敢求息者，将有所代也。夫子之让乎父，弟之让乎兄，子之代乎父，弟之代乎兄，此二行者，皆反于性而悖于情也；然而孝子之道，礼义之文理也。故顺情性则不辞让矣，辞让则悖于情性矣。①

在荀子看来，"性者，本始材朴"，其既有向往美善的一面，亦有转化为恶的可能。若是顺着情欲而为，便会丧失性中本有之向往美善的朴质。此外，荀子还以觙为例，论证了情欲对心性中本有之美善的遮蔽与侵蚀。《荀子》曰："空石之中有人焉，其名曰觙。其为人也，善射以好思。耳目之欲接，则败其思。蚊虻之声闻，则挫其精。是以辟耳目之欲，而远蚊虻之声，闲居静思则通。思仁若是，可谓微乎？"

其三，性不能自美，故需要化性起伪之工夫。

荀子在论述教化的功用时称："故人无师无法而知，则必为盗，勇则必为贼，云能则必为乱，察则必为怪，辩则必为诞；人有师有法，而知则

---

① 《荀子·性恶》。王先谦：《荀子集解》，北京：中华书局，1988 年，第 436—437 页。

速通，勇则速成，云能则速成，察则速尽，辩则速论。"①在荀子看来，知、勇、才、察、辩只是人固有之知能，本身并无道德倾向性，若不加以教化与约束，是无法达至理想人性的。这就意味着人性中固有之知能，是不能靠自己走向完善的。

值得注意的是，荀子所谓的"性恶"，并非指人性本恶，也不表示人性必然是恶的。《荀子·礼论》曰："故制礼义以分之，以养人之欲，给人之求，使欲必不穷乎物，物必不屈于欲，两者相持而长，是礼之所起也。"在这里，荀子并没有完全否定欲望，而只是主张将欲望限制在合理范围内。此外，"君子既得其养，又好其别"②"故虽为守门，欲不可去，性之具也。虽为天子，欲不可尽。欲虽不可尽，可以近尽也。欲虽不可去，求可节也。所欲虽不可尽，求者犹近尽；欲虽不可去，所求不得，虑者欲节求也"③等言论均表明，在荀子看来，情欲本身并无善恶可言，但若不将其限制在合理范围内，就会导致恶的结果。

荀子认为，心是官能之统帅，可以节制性中不合理的情欲，命令四肢去践行仁义礼智四端。从这个意义上来说，人性并不必然导致恶的结果。《荀子》言："故欲过之而动不及，心止之也。心之所可中理，则欲虽多，奚伤于治？欲不及而动过之，心使之也。心之所可失理，则欲虽寡，奚止于乱？故治乱在于心之所可，亡于情之所欲。"④由此可见，在荀子的思想观

---

① 《荀子·儒效》。王先谦：《荀子集解》，北京：中华书局，1988年，第142页。
② 《荀子·礼论》。王先谦：《荀子集解》，北京：中华书局，1988年，第347页。
③ 《荀子·正名》。王先谦：《荀子集解》，北京：中华书局，1988年，第428—429页。
④ 《荀子·正名》。王先谦：《荀子集解》，北京：中华书局，1988年，第428页。

念中，"生而有欲"是"受乎天"的人的本性，情欲是无法完全去除的，治乱的关键在于能否充分发挥"心"对"欲"的调节与控制作用。

第三节 荀子的修身思想

在荀子看来，人性主要包括材性知能和情欲两个方面的内容。荀子以"性质美"来肯定材性知能的价值，却将情欲视为恶之来源。荀子为何忽略"性"中"质美"的一面，独独从情欲的视角论证人性恶呢？这就需要我们从《荀子》一书中寻找答案。

一、"性恶"与"化性起伪"的修身思想

结合《正名》《性恶》来看，荀子提出"性恶"论，是为其提出"化性起伪"主张作张本的。

首先，荀子在阐述"性"的含义时，将"性"与"伪"对举而言。《荀子》曰：

> 散名之在人者：生之所以然者谓之性。性之和所生，精合感应，不事而自然谓之性。性之好、恶、喜、怒、哀、乐谓之情。情然而心为之择谓之虑。心虑而能为之动谓之伪。虑积焉、能习焉，而后成谓之伪。[1]

---

[1]《荀子·正名》。王先谦：《荀子集解》，北京：中华书局，1988 年，第 412—413 页。

　　凡性者，天之就也，不可学，不可事；礼义者，圣人之所生也，人
之所学而能、所事而成者也。不可学、不可事而在人者谓之性，可学
而能、可事而成之在人者谓之伪。是性、伪之分也。①

　　在荀子看来，"性"主要包括两个层面的内容：一方面指与天道相通
之性，一方面指生而即成之自然人性。从字义来看，"性"乃人生而即有
之物，不可学，亦不可事；"伪"则是人在后天积久习学的结果。荀子之
所以先言"性"而后言"伪"，应是为了突显"性"之先天性与"伪"之
人为性。

　　其次，《性恶》篇对"性恶"的阐述是：

　　人之性恶，其善者伪也。今人之性，生而有好利焉，顺是，故争夺
生而辞让亡焉；生而有疾恶焉，顺是，故残贼生而忠信亡焉；生而有
耳目之欲，有好声色焉，顺是，故淫乱生而礼义文理亡焉。然则从人
之性，顺人之情，必出于争夺，合于犯分乱理而归于暴。故必将有师
法之化、礼义之道，然后出于辞让，合于文理，而归于治。用此观之，
人之性恶明矣，其善者伪也……今人之性恶，必将待师法然后正，得
礼义然后治。②

　　引文的前半部分，详细阐述了"性恶"的表现和危害；后半部分着重

---

　　①《荀子·性恶》。王先谦：《荀子集解》，北京：中华书局，1988年，第435页。
　　②《荀子·性恶》。王先谦：《荀子集解》，北京：中华书局，1988年，第434页。

阐述了师法和礼义在对治性恶方面的重要作用。

《性恶》篇中多次出现"人之性恶，其善者伪也"之类的表述。如：

> 今之人，化师法，积文学、道礼义者为君子，纵性情、安恣睢而违礼义者为小人。用此观之，然则人之性恶明矣，其善者伪也。①
>
> 今人之性，饥而欲饱，寒而欲暖，劳而欲休，此人之情性也。……故顺情性则不辞让矣，辞让则悖于情性矣。用此观之，然则人之性恶明矣，其善者伪也。②

由此可见，荀子之所以先言"性恶"而后接言"善伪"，是为了鼓励人们在后天通过师法教化和礼义引导，努力去恶向善。

再次，荀子提出，圣王制作的礼仪法度是"化性起伪"的准绳。

> 今诚以人之性固正理平治邪？则有恶用圣王，恶用礼义矣哉！虽有圣王、礼义，将曷加于正理平治也哉？今不然，人之性恶。故古者圣人以人之性恶，以为偏险而不正，悖乱而不治，故为之立君上之执以临之，明礼义以化之，起法正以治之，重刑罚以禁之，使天下皆出于治、合于善也。是圣王之治，而礼义之化也。③

---

① 《荀子·性恶》。王先谦：《荀子集解》，北京：中华书局，1988年，第435页。
② 《荀子·性恶》。王先谦：《荀子集解》，北京：中华书局，1988年，第436—437页。
③ 《荀子·性恶》。王先谦：《荀子集解》，北京：中华书局，1988年，第440页。

最后，荀子提出"涂之人可以为禹"，人人都有觉知并践行仁义法正的能力。

> 涂之人可以为禹，曷谓也？曰："凡禹之所以为禹者，以其为仁义法正也。然则仁义法正有可知、可能之理，然而涂之人也，皆有可以知仁义法正之质，皆有可以能仁义法正之具，然则其可以为禹明矣。……今使涂之人伏术为学，专心一志，思索孰察，加日县久，积善而不息，则通于神明，参于天地矣。故圣人者，人之所积而致矣。"曰："圣可积而致，然而皆不可积，何也？"曰："可以而不可使也。故小人可以为君子而不肯为君子，君子可以为小人而不肯为小人。小人、君子者，未尝不可以相为也，然而不相为者，可以而不可使也。故涂之人可以为禹，则然；涂之人能为禹，未必然也。虽不能为禹，无害可以为禹。"①

在荀子看来，人人都具备"知仁义法正之质"和"能仁义法正之具"，故人人都可成为禹那样的圣贤。而之所以有人无法成圣，是因为没有确立成圣的志向。因此，"涂之人可以为禹"的主张，无疑是对人努力达至理想人格的鼓励。

荀子认为，无论是个体之"成圣"，还是社会之正理平治，都必须经过长时间的"积伪"，才能真正实现。因此，荀子言性恶，是为了强调"积

---

① 《荀子·性恶》。王先谦：《荀子集解》，北京：中华书局，1988年，第442页。

伪"的重要性，鼓励人们通过长时间的"积伪"，达至"化性起伪""积善成德"的君子境界。

二、"心"与"化性起伪"

《荀子·性恶》云："故圣人化性而起伪，伪起而生礼义，礼义生而制法度；然则礼义法度者，是圣人之所生也。故圣人之所以同于众，其不异于众者，性也；所以异而过众者，伪也。夫好利而欲得者，此人之情性也。假之有弟兄资财而分者，且顺情性，好利而欲得，若是，则兄弟相拂夺矣；且化礼义之文理，若是，则让乎国人矣。故顺情性则弟兄争矣，化礼义则让乎国人矣。"由此可知，"化性起伪"就是指用礼义、文理来对"性"进行教化的过程。

荀子将"性"与"伪"之关系概述为"性伪合而天下治"。《荀子》曰：

> 性者，本始材朴也；伪者，文理隆盛也。无性则伪之无所加，无伪则性不能自美。性伪合，然后成圣人之名，一天下之功于是就也。故曰：天地合而万物生，阴阳接而变化起，性伪合而天下治。[①]

荀子认为。"性"指自然人性，"伪"指礼义法正。只有"性""伪"结合，才能构筑理想人格，实现社会的正理平治。由此可见，"性伪合"是"化性起伪"的另一种表述形式，二者均是指通过长时间的礼义教化，使人

---

① 《荀子·礼论》。王先谦：《荀子集解》，北京：中华书局，1988 年，第 366 页。

们达至理想人格，使人类社会达到正理平治的过程。

在"化性起伪"的过程中，"心"起着至关重要的作用。《荀子》言：

> 性之好、恶、喜、怒、哀、乐谓之情。情然而心为之择谓之虑。心虑而能为之动谓之伪；虑积焉，能习焉，而后成谓之伪。[①]

由此可见，在"积伪"的过程中，"心"具有两个方面的作用。首先，"心"对情的外显具有规范与指导作用；其次，"心"要求人们去践行礼义。因此，"心"是"积伪"的关键环节，而"解蔽"是保证心之决策符合道德要求的关键。《荀子》曰：

> 故为蔽：欲为蔽，恶为蔽，始为蔽，终为蔽，远为蔽，近为蔽，博为蔽，浅为蔽，古为蔽，今为蔽。凡万物异则莫不相为蔽；此心术之公患也。

那么，圣人是如何解蔽的呢？《荀子》曰：

> 圣人知心术之患，见蔽塞之祸，故无欲、无恶、无始、无终、无近、无远、无博、无浅、无古、无今，兼陈万物而中县衡焉。是故众异不得相蔽以乱其伦也。[②]

---

① 《荀子·正名》。王先谦：《荀子集解》，北京：中华书局，1988年，第412页。
② 《荀子·解蔽》。王先谦：《荀子集解》，北京：中华书局，1988年，第394页。

由引文的描述可知，只要"心"中有"道"，就能以"道"制"欲"。那么"心"又是如何知"道"的呢？《荀子》曰：

> 何谓衡？曰：道。故心不可以不知道；心不知道，则不可道，而可非道。人孰欲得恣，而守其所不可，以禁其所可？以其不可道之心取人，则必合于不道人，而不合于道人。以其不可道之心与不道人论道人，乱之本也。夫何以知？曰：心知道，然后可道；可道然后守道以禁非道。以其可道之心取人，则合于道人，而不合于不道之人矣。以其可道之心与道人论非道，治之要也。何患不知？故治之要在于知道。①

在荀子看来，一个人如果心中有"道"，就会允许符合"道"的行为发生，并禁止不符合"道"的行为发生。一旦将"道"根植于心，就能够与"有道"之人沟通有无。

荀子还强调，"心"唯有在"虚壹而静"的状态下，才能"知道"。《荀子》曰：

> 心何以知？曰：虚壹而静。心未尝不臧也，然而有所谓虚；心未尝不两也，然而有所谓壹；心未尝不动也，然而有所谓静。人生而有知，知而有志；志也者，臧也；然而有所谓虚；不以所已臧害所将受谓之虚。心生而有知，知而有异；异也者，同时兼知之；同时兼知之，两

---

① 《荀子·解蔽》。王先谦：《荀子集解》，北京：中华书局，1988年，第394页。

也；然而有所谓一；不以夫一害此一谓之壹。①

由引文的描述可知，人虽然生而有知，但唯有做到"见善则迁，不滞于积习"②，才能达到"壹"——一心求道的境界。

三、《荀子》修身思想的来源与发展

荀子的修身思想继承并发展了前人的观点。

首先，"化性起伪"说，是对孔子以来外向修德思想的继承。

孔子言"性相近也，习相远也"，鼓励人们通过道德学习来提升自身的道德水平。《性自命出》提出"教，所以生德于中"的观点，主张利用礼乐来教化人性。荀子在孔子和《性自命出》的基础上，进一步提出"化性起伪"的思想，主张通过礼义法正来约束情欲，也具有外向修德的特征。

其次，重视"心"的作用，是对《性自命出》、孟子心性学说的继承和发展。

在荀子的修身思想中，"心"是教化的接受者和行为的决策者，这与《性自命出》、孟子对"心"的认识有异曲同工之处。在《性自命出》中，"心"决定着"性"在后天的发展方向，是礼义教化的接受者，而教化的目的，在于将礼义道德根植于心中。由此可见，在《性自命出》中，"心"也是教化的接受者和行为的决策者。在《孟子》中，"心"是道德的承担者与

---

① 《荀子·解蔽》。王先谦：《荀子集解》，北京：中华书局，1988 年，第 395 页。

② 见《荀子·解蔽》"不以所已臧害所将受谓之虚"句下杨倞注。参见王先谦：《荀子集解》，北京：中华书局，1988 年，第 396 页。

扩充者。这与荀子所主张的"心"具有道德决策作用。相比较而言，荀子对"心"的认识更接近于《性自命出》，二者在阐述"心"与"道"的关系时，均侧重于心具有认知道德的能力。而《孟子》则是就心本身具有道德端倪展开论述的。

第四节 《荀子》学说中的"情"

《荀子》言："情者，性之质也；欲者，情之应也。"由此可知，荀子言性恶，是从论证情欲恶入手的。

《中庸》、《性自命出》、孟子均曾将"情"与"性"相联系。

《中庸》曰："喜怒哀乐之未发，谓之中，发而皆中节，谓之和。"朱熹注此句云："喜、怒、哀、乐，情也。其未发，则性也，无所偏倚，故谓之中。发而皆中节，情之正也，无所乖戾，故谓之和。"由此可见，《中庸》直接将"情"看作"性"之一部分，故其在论述如何修身时，特意强调要"戒慎乎其所不睹，恐惧乎其所不闻"，主张君子应在生活中时刻保持戒慎恐惧的状态。《性自命出》言"道始于情，情生于性"，也将"情"看作"性"之内容。《孟子》曰："乃若其情，则可以为善矣，乃所谓善也。若夫为不善，非才之罪也。恻隐之心，人皆有之；羞恶之心，人皆有之；恭敬之心，人皆有之；是非之心，人皆有之。恻隐之心，仁也；羞恶之心，义也；恭敬之心，礼也；是非之心，智也。"可见，孟子也是将"情"看作"性"之内容的。

值得注意的是，虽然《中庸》、《性自命出》、孟子都将情看作性之内容，但均未将"情"看作负面之物。如《性自命出》言"道始于情""唯性爱为近仁"，强调"情"中有"道"和"仁"；《孟子》以情善言性善，《中庸》"喜怒哀乐之未发，谓之中，发而皆中节，谓之和"一语，只是强调喜怒哀乐是"性"中的危险因素，并未将"情"全然归为恶。

在《论语》中，"情"字凡两见，分别是"上好信，则民莫敢不用情"；①"上失其道，民散久矣，如得其情，则哀矜而勿喜"。其中，"民莫敢不用情"之"情"，《论语集解》释为"情实"②，皇侃引李充云："用情，犹尽忠也。"③"如得其情"之"情"，依上下文意，亦当释为"情实"。《性自命出》中的"情"字，或指"情实"或指情感。如"凡声其出于情也信，然后其入拨人之心也厚。闻笑声，则鲜如也斯喜。闻歌谣，则陶如也斯奋"中的"情"字，无疑兼有"情实"义与"情感"义。《孟子》中的"情"字，也是兼指"情实"义与"情感"义。如"物之不齐，物之情也""声闻过情，君子耻之"之"情"，均为"实情"义。"乃若其情"之"情"，兼及"实情"义与"情感"义。可以说，在荀子之前，"情"字的核心义一直是"情实"。

在《荀子》一书中，"情"字依然有"情实"之义与"情感"之义。"情"指"情实"者，如"故君子不下室堂而海内之情举积此者，则操术然也"。④"古今异情，其以治乱者异道"。⑤"不恤是非然不然之情，以相荐撙，

---

①《论语·子路》。阮元校刻：《十三经注疏·论语注疏》，北京：中华书局，1980年，第2506页。

② 程树德：《论语集释》，北京：中华书局，1990年，第898页。

③ 程树德：《论语集释》，北京：中华书局，1990年，第898页。

④ 王先谦：《荀子集解》，北京：中华书局，1988年，第57页。

⑤ 王先谦：《荀子集解》，北京：中华书局，1988年，第96页。

以相耻作，君子不若惠施、邓析"。①

"情"指"情感"者，如"敬人有道：贤者则贵而敬之，不肖者则畏而敬之；贤者则亲而敬之，不肖者则疏而敬之。其敬一也，其情二也"。②"创巨者其日久，痛甚者其愈迟，三年之丧，称情而立文，所以为至痛极也"。③"祭者，志意思慕之情也，忠信爱敬之至矣，礼节文貌之盛矣，苟非圣人，莫之能知也"。④

荀子认为，"情"为"性"之表现；而"欲"又为"情"之表现。《正名》篇曰："欲者，情之应也。"⑤此外，荀子中还有许多以"欲"解释"情"之例子。如"人之情，食欲有刍豢，衣欲有文绣，行欲有舆马，又欲夫余财蓄积之富也，然而穷年累世不知不足，是人之情也"。⑥"夫人之情，目欲綦色，耳欲綦声，口欲綦味，鼻欲綦臭，心欲綦佚"。⑦"故治乱在于心之所可，亡于情之所欲"。⑧"若夫目好色，耳好声，口好味，心好利，骨体肤理好愉佚，是皆生于人之情性者也，感而自然，不待事而后生之者也"。⑨

荀子认为，"情"是"性"的载体和外在表现，"欲"是"情"的反映，故"性"蕴含在"情""欲"之中。而将"欲"纳入"情"中之后，"情"这一概念趋于中性化，这就为荀子由"情恶"言"性恶"提供了理论先导。

---

① 王先谦：《荀子集解》，北京：中华书局，1988年，第145页。
② 王先谦：《荀子集解》，北京：中华书局，1988年，第301页。
③ 王先谦：《荀子集解》，北京：中华书局，1988年，第440页。
④ 王先谦：《荀子集解》，北京：中华书局，1988年，第444页。
⑤ 王先谦：《荀子集解》，北京：中华书局，1988年，第506页。
⑥ 王先谦：《荀子集解》，北京：中华书局，1988年，第78页。
⑦ 王先谦：《荀子集解》，北京：中华书局，1988年，第249页。
⑧ 王先谦：《荀子集解》，北京：中华书局，1988年，第506页。
⑨ 王先谦：《荀子集解》，北京：中华书局，1988年，第517页。

第五节　荀子论性的新特点

一、人伦取代天道，成为人性之判断标准

子大叔与单襄公对人性之评价，都是以礼作为评价标准的。由于当时之"礼"，是"天之经也，地之义也"。因此，二人探讨人性实质上是以"天"作为评价标准的。孔子、《中庸》、孟子均将人性与天道、天性并举。孔子曾思及"性与天道"。《中庸》言"诚者，天之道也，诚之者，人之道也"。"唯天下至诚，为能尽其性；能尽其性，则能尽人之性；能尽人之性，则能尽物之性；能尽物之性，则可以赞天地之化育；可以赞天地之化育，则可以与天地参矣"。《孟子》言"尽其心者，知其性也。知其性，则知天矣。存其心，养其性，所以事天也"，亦是以天性来要求人性。不过，孟子"性善"论的提出，表明对性之评价标准已经开始由天道转向人道。至荀子，论性之标准始全然转向人伦、人道。《荀子》言："今人之性，生而有好利焉，顺是，故争夺生而辞让亡焉；生而有疾恶焉，顺是，故残贼生而忠信亡焉；生而有耳目之欲，有好声色焉，顺是，故淫乱生而礼义文理亡焉。然则从人之性，顺人之情，必出于争夺，合于犯分乱理而归于暴。……用此观之，然则人之性恶明矣。"①

关于人性评价标准的转变，还可从理想人格的转变方面窥见一斑。孔子之理想人格，是道德与礼兼备者；《中庸》之理想人格，是"赞天地之化育"者；孟子之理想人格，是知天者、兼济民众者。荀子之理想人格，则

---

① 《荀子·性恶》。王先谦：《荀子集解》，北京：中华书局，1988 年，第 513—514 页。

是创制礼义、谙于人道而不求知天者。荀子将"人道之极"作为理想人格的标准，充分显示出人性评价标准向人伦之转变。

二、区分了"性"中之在我者与在天者

荀子之前的学者论"性"，多从天人关系的视角切入。如孔子曾以"性与天道"之关系阐"性"；《中庸》以"诚"作为人性与天性共有之内容；《孟子》言"尽其心者，知其性也。知其性，则知天矣。存其心，养其性，所以事天也"；《性自命出》言"人虽有性，心无定志"，指出人性在后天之发展方向是由心决定的，但可惜的是，其未继续沿此思路言"性"，而是称"性自命出，命自天降"。庞朴先生认为，《性自命出》中"性"与"天"的关系，只是一个"虚悬"。

而荀子则将"性"区分为"生之所以然者谓之性"与"性之和所生，精合感应，不事而自然谓之性"两层。其中"生之所以然者谓之性"，即指天地化育万物所体现出之性，此为天性与人性共有之内容，是谓"诚"。而"性之和所生，精合感应，不事而自然谓之性"则是全然在人者，其在后天之发展具有全然之自主性。荀子的这一区分，既解决了《性自命出》遗留之"性"之内在分裂问题，又在客观上解除了天性加于人性之束缚。

三、性中之德的来源有别于孔孟《中庸》

孔子认为德来源于天，故有"天生德于予"之语。《中庸》言"诚者，天之道也，诚之者，人之道也"，意谓天道为诚，而人之诚，来源于天。

《孟子》言"尽其心者，知其性也。知其性，则知天矣。存其心，养其性，所以事天也"，"心之官则思，思则得之，不思则不得也，此天之所与我者"，则将德之来源与心所具有之成德能力均归之于天。

荀子认为，"善"指人类社会的有序运行，而人类社会的有序运行有赖于礼；礼是圣人所创造，故"善"归根结底来源于圣人。

《荀子》言："今人之性，生而有好利焉，顺是，故争夺生而辞让亡焉；生而有疾恶焉，顺是，故残贼生而忠信亡焉；生而有耳目之欲，有好声色焉，顺是，故淫乱生而礼义文理亡焉。然则从人之性，顺人之情，必出于争夺，合于犯分乱理而归于暴。……用此观之，然则人之性恶明矣。"[①]可见，"恶"指犯分乱理，"善"指礼义法正。

那么，"善"来自何处呢？由《荀子》的描述可知，礼义法正来自圣人之创造。

《荀子》言："圣人积思虑，习伪故，以生礼义而起法度。然则礼义法度者，是生于圣人之伪，非故生于人之性也。若夫目好色，耳好声，口好味，心好利，骨体肤理好愉佚，是皆生于人之情性者也。问者曰：'人之性恶，则礼义恶生？'应之曰：凡礼义者，是生于圣人之伪，非故生于人之性也。故陶人埏埴而为器，然则器生于陶人之伪，非故生于人之性也。故工人斫木而成器，然则器生于工人之伪，非故生于人之性也。于人之情性者也；感而自然，不待事而后生之者也。夫感而不能然，必且待事而后然者也，谓之生于伪。是性伪之所生，其不同之征也。故圣人化性而起伪，伪起而生礼义，礼义生而制法度。"在荀子看来，不仅礼义法度出自圣人之

———————

① 《荀子·性恶》。王先谦：《荀子集解》，北京：中华书局，1988 年，第 513—514 页。

手，"善"亦是由圣人创造的。

需要指出的是，荀子并没有否认天亦是德之源头。《荀子》曰："君子养心莫善于诚，致诚则无它事矣。惟仁之为守，惟义之为行。诚心守仁则形，形则神，神则能化矣。诚心行义则理，理则明，明则能变矣。变化代兴，谓之天德。……天地为大矣，不诚则不能化万物；圣人为知矣，不诚则不能化万民；父子为亲矣，不诚则疏；君上为尊矣，不诚则卑。夫诚者，君子之所守也，而政事之本也，唯所居以其类至。操之则得之，舍之则失之。"在这里，荀子从方法论的角度，阐述了天之诚与人之诚之关系，提出君子需要通过"诚"这一方式来养心，而天地需要通过"诚"这一方式来化育万物。因之，圣人亦不能不依靠"诚"来化育万民。荀子此说，与《中庸》有异曲同工之处。

本章小结

通过前文的分析，可将《荀子》的人性论概述如下。

首先，荀子明确指出"性"具有两层含义，区分了"性"中之在天者与在人者，是其"天人之分"思想的反映。

其次，荀子从情感、欲望的角度言性，继承了春秋以来"即生言性"的传统。

再次，荀子将"是否犯分乱理"作为评价人性的标准，与孔子、孟子等以天道来衡量人性的做法是不一样的。这反映出荀子对人性的评价标准由天道向人道的转变。

最后，荀子将礼义法正归之于圣人的制作，一改前人将道德来源归之于天的做法，进一步提高了人的道德主动性。

综上所述，荀子人性论已经明显不同于先秦儒家其他学者了。这种区别，无疑是荀子重视人的作用的突出表现。

结　语

前文缕析了孔子之前，人们对人性的认识，以及孔子、《中庸》、《性自命出》、孟子、荀子的人性观念，对儒家人性观念的起源与发展进行了分析。兹总结全文观点如下：

首先，春秋中晚期，"人性"已经成为士大夫阶层关注的重要问题，他们对人性的探讨，为后世儒家人性论的产生提供了思想来源。

这一时期，在"礼"的观念的驱使下，士大夫阶层中形成了两种论性语境。一种主要就人生而即有之"自然人性"而言，认为人性主要以生而即有之欲望、情感、认知能力为内容，性在后天的表现并不尽然符合礼的要求。一种主要就"理想人性"而言，认为在礼的经纬之下，天、地、人都有其合理的位置，人的行为如果能顺应礼的经纬，符合礼的规定，就可被称为具有理想人性。这种理想人性并不是生而即有的，需要后天"自曲直以赴礼"来达成。

这一时期论性的两种语境，实际上为后世学者提出了一个论题——以欲望、情感、认知能力为主要内容的自然人性，能否通过后天的发展，达到理想人性的状态？儒家对人性的探讨，正是围绕这一论题展开的。孔子、《中庸》《性自命出》、孟子、荀子对后天道德学习的倡导，都可看作对这一问题的回答。

不仅如此，"理想人性"的概念，也为儒家学者接受并加以改造，形成了具有儒家特点的理想人格形象。子大叔"理想人性"的概念认为，理想人性与天道相通。而《中庸》所提出之"赞天地之化育，可以与天地参"的理想人格形象、孟子所言之"尽心、知性、知天、事天"的理想人格形象，也将理想人格与天道加以沟通。这一点，无疑与子大叔的理想人性观念有一脉相承之处。由此可见，春秋晚期子大叔所提出的理想人性概念，也为儒家人性论中理想人格的构建提供了思想来源。

其次，先秦儒家人性论均注重通过后天的修养来达到人格的完善。

孔子作为儒家的开山鼻祖，提出了"性相近也，习相远也"的观点，鼓励人们通过后天的道德修养来完善人格。《中庸》认为"中庸"和"诚"是人们完善人格的重要途径，主张人们通过保持戒慎恐惧之心态，将忠恕作为处理人伦关系之原则，时刻保持自省精神，并时时发现自身之善端，从而达到理想人格的状态。《性自命出》则主张通过礼乐来教化人性，并重点阐述了"心""情"在后天道德修养中的重要地位，提出通过礼乐教化可以达到"生德于中"的效果。孟子认为人虽生而即有仁义礼智四端，但唯有在后天对此四端进行扩充与践行，才能"知性""知天""事天"。荀子则认为人性需要借助礼义法正来"化性起伪"，从而达到理想人格的境界。由此可见，先秦儒家学者均认为只有通过后天修德，才能达至理想人性。

再次，在儒家人性论发展历程中，人的道德地位是在逐渐提高的。

孔子的人性观，在主张后天修养的同时，还发掘了人性中的道德因素。

孔子认为人生而具有道德学习能力、道德端倪，这就为人通过后天学习达至理想人性提供了更大的可能。《中庸》进一步认为，天在赋予人生命的同时，即已赋予了人五常之德和理想人格的雏形，只要人们能通过学、知、思、辨等功夫体察之，便能觉知"诚"和践行"诚"，从而养成理想的人格。可以说，《中庸》人性论使得理想人格的达成具有了必然性，人的道德地位得到了进一步的提高。《性自命出》指出人的情感中本就蕴藏着道德，由此将道德的源头收束到了人性之中，天不再是人性唯一的道德源头，进一步提升了人的道德地位。孟子一方面肯定了人性中有仁义礼智等理想人格之端绪，一方面又认为人生而即有之"心"本身即有扩充四端的能力。人无须借助外物，只需"尽心"即可达至理想人格。荀子认为人性以负面的情欲为主要内容，将道德因素完全摒弃于人性之外，似乎人的道德地位有所下降了。但值得注意的是，荀子特别强调，礼义并非出自天，而是由圣人创制的。正是因为有了圣人创制之礼义，人才得以在后天通过学习来提高道德水平。因此，天不再是人的道德的唯一源头，人的道德地位有了前所未有的提升。由此可见，先秦儒家人性论在论证人如何达至理想人性的同时，亦赋予了人越来越高的道德地位和道德主动性。

最后，在儒家人性论的发展历程中，存在人性逐渐突破"天"的限制的趋势。这种对于天的突破，在儒家人性论中主要表现为两种方式：

一是以《中庸》、孟子为代表，通过内向超越的方式实现了对"天"的限制的突破。春秋晚期，以子大叔为主要代表的人性观点，是以"法天"为原则的。理想人性说到底不过是对于天道的效法，而效法的途径就是守礼。《中庸》主张"天命之谓性"，认为人性与天道本即相通，以天道为准则的理想人格的雏形本就内在于人性之中。较之于子大叔，道德的外在依赖性有所降低，人性的道德主动性更强，天道与人性更加贴近了。美中不足的是，《中庸》并没有将联系人性与天道的中介完全收束于人性之中。作为中介的"诚"，乃是天道的内容，人性中之"诚"只是对于天道之效法。因此，《中庸》虽然进一步提高了人性的道德主动性，拉近了人性与天道之距离，但人性与天道的中介并不全然内在于人，因此人性与天道仍未合一。这种情况，到孟子时有了跨越式的推进。孟子"尽其心者，知其性也；知其性，则知天矣；存其心，养其性，所以事天也"的观点，将天道全然收束于心，人性无须借助身外之物，只需内求于心，即可"知天""事天"。孟子这种思想，实际上将人性的地位提高到了与天比肩的高度，人性与天道全然贯通，由此实现了对于"天"的限制的突破。

　　二是以《性自命出》、荀子为代表，通过区分天、人，实现了对天的限制的突破。《性自命出》提出"道始于情，情生于性"的思想，在人的自然感情中寻绎出道德端倪，从而使人对于道德的追求不再需要上溯至天，人与天的道德联系被大大削弱了。荀子则将人性分为与天相通之性与全然在人之性，将礼义法正视作圣人所创，人性与天的道德联系被切断，从而实现了对于天的突破。

参考文献

专著

《尚书正义》，阮元校刻《十三经注疏》，北京：中华书局，1980。

《毛诗正义》，阮元校刻《十三经注疏》，北京：中华书局，1980。

《春秋左传正义》，阮元校刻《十三经注疏》，北京：中华书局，1980。

《礼记正义》，阮元校刻《十三经注疏》，北京：中华书局，1980。

《论语注疏》，阮元校刻《十三经注疏》，北京：中华书局，1980。

《孟子注疏》，阮元校刻《十三经注疏》，北京：中华书局，1980。

刘起釪：《尚书校释译论》，北京：中华书局，2005。

林义光：《诗经通解》，上海：中西书局，2012。

杜预：《春秋左传集解》，上海：上海人民出版社，1977。

杨伯峻：《春秋左传注》，北京：中华书局，2009。

何晏注，皇侃疏：《论语义疏》，北京：商务印书馆，1937。

朱熹：《四书章句集注》，北京：中华书局，1983。

刘宝楠：《论语正义》，北京：中华书局，1990。

程树德：《论语集释》，北京：中华书局，1990。

杨树达：《论语疏证》，长春：吉林人民出版社，2013。

朱熹：《四书章句集注》，北京：中华书局，1983。

戴震：《孟子字义疏证》，北京：中华书局，1961。

韦昭注：《国语》，上海：上海古籍出版社，1978。

徐元诰：《国语集解》，北京：中华书局，2002。

王先谦：《荀子集解》，北京：中华书局，1988。

杨柳桥：《荀子诂译》，济南：齐鲁书社，2009。

张纯一：《晏子春秋校注》，上海：世界书局，1935。

李翱：《复性书》，长春：吉林文史出版社，2000。

欧阳修：《欧阳修全集》，北京：中国书店，1986。

程颐、程颢：《二程遗书》，北京：中华书局，1981。

阮元：《揅经室集》，北京：中华书局，1993。

陈澧：《东塾读书记》，上海：世界书局，1936。

崔述：《洙泗考信录》，北京：中华书局，1985。

［美］安乐哲（Roger T. Ames），江文思（James Behunial Jr.）:《孟子心性之学》，北京：社会科学文献出版社，2005。

［美］贝格尔（Berger, P. L.）:《神圣的帷幕》，高师宁译，上海：上海人民出版社，1991。

［美］本杰明·史华慈（Benjamin I. Schwartz）:《古代中国的思想世界》，程钢译，南京：江苏人民出版社，2004。

蔡仁厚:《孔孟荀哲学》,台北:台湾学生书局,1984。

蔡仁厚:《中国哲学史》,台北:台湾学生书局,2011。

晁福林:《先秦社会思想探研》,北京:商务印书馆,2007。

晁福林:《天命与彝伦》,北京:北京师范大学出版社,2012。

晁福林:《上博简〈诗论〉研究》,北京:商务印书馆,2014。

陈来:《竹帛〈五行〉与简帛研究》,上海:三联书店,2009。

陈满铭:《中庸思想研究》,台北:文津出版社,1980。

陈登元:《荀子哲学》,上海:上海三联书店,2014。

陈光连:《荀子"分"义研究》,南京:东南大学出版社,2013。

陈伟:《郭店竹书别释》,武汉:湖北教育出版社,2002。

陈伟:《楚地出土战国简册合集》,北京:文物出版社,2011。

陈慧、廖名春、李锐:《天、人、性:读郭店楚简与上博竹简》,上海:上海古籍出版社,2014。

陈槃:《大学中庸今释》,台北:正中书局,1954。

[日]池田知久:《池田知久简帛研究论集》,北京:中华书局,2006。

丁四新:《郭店楚墓竹简思想研究》,北京:东方出版社,2000。

丁原植:《楚简儒家性情说研究》,台北:万卷楼图书有限公司,2002。

董洪利:《孟子研究》,南京:江苏古籍出版社,1997。

杜维明:《中庸——论儒学的宗教性》,北京:三联书店,2013。

方东美:《人生哲学讲义》,北京:中华书局,2013。

方尔加:《儒家思想讲演录》,北京:东方出版社,2007。

傅斯年:《性命古训辨证》,上海:上海古籍出版社,2012。

冯友兰:《中国哲学史》,北京:三联书店,2009。

冯友兰：《新原道》，郑州：河南人民出版社，2001。

范寿康：《中国哲学史通论》，北京：三联书店，1983。

复旦大学历史系：《中国传统文化的再估计》，上海：上海人民出版社，1987。

高柏园：《中庸形上思想》，台北：东大图书公司，1988。

郭沫若：《郭沫若全集·历史编》，北京：人民出版社，1982。

郭志坤：《荀学论稿》，上海：三联书店，1991。

郭振香：《先秦儒家情论研究》，合肥：安徽大学出版社，2011。

郭沂：《郭店竹简与先秦学术思想》，上海：上海教育出版社，2001。

［美］郝大维（David Hall），安乐哲（Roger T. Ames）：《孔子哲学思微》，蒋戈为译，南京：江苏人民出版社，1996。

胡适：《中国哲学史大纲》，北京：东方出版社，2004。

侯外庐、赵纪彬、杜国库：《中国思想通史》，北京：人民出版社，1957。

惠吉星：《荀子与中国文化》，贵阳：贵州人民出版社，1996。

荆门市博物馆：《郭店楚墓竹简》，北京：文物出版社，1998。

江心力：《20 世纪前期的荀学研究》，北京：中国社会科学出版社，2005。

孔孟学研究丛书编辑委员会：《孟子思想研究》，济南：山东大学出版社，1986。

劳思光：《新编中国哲学史》，台北：三民书局，1984。

李学勤：《失落的文明》，上海：上海文艺出版社，1997。

李天虹：《郭店竹简性自命出研究》，武汉：湖北教育出版社，2003。

李零：《郭店楚简校读记》，北京：中国人民大学出版社，2002。

李零：《上博楚简三篇校读记》，台北：万卷楼图书有限公司，2002。

李景林：《教养的本原—哲学突破期的儒家心性论》，沈阳：辽宁人民出版社，1998。

李锐：《孔孟之间性论研究》，清华大学博士论文，2005。

刘述先：《刘述先自选集》，济南：山东教育出版社，2007。

刘钊：《郭店楚简校释》，福州：福建人民出版社，2002。

刘子静：《荀子哲学纲要》，北京：商务印书馆，1938。

廖名春：《荀子新探》，北京：中国人民大学出版社，2014。

梁涛：《郭店竹简与思孟学派》，北京：人民大学出版社，2008。

路德斌：《荀子与儒家哲学》，济南：齐鲁书社，2010。

龙宇纯：《荀子论集》，台北：学生书局，1987。

蒙培元：《中国心性论》，台北：台湾学生书局，1990。

蒙培元：《蒙培元讲孔子》，北京：北京大学出版社，2006。

蒙培元：《蒙培元讲孟子》，北京：北京大学出版社，2006。

［美］孟旦（Donald J·Munro）：《早期中国人的观念》，北京：北京大学出版社，2009。

［德］米夏埃尔·兰德曼（Landmann, M）：《哲学人类学》，张乐天译，上海：上海译文出版社，1988。

牟宗三：《心体与性体》，台北：正中书局，1968。

庞朴：《庞朴文集》，济南：山东大学出版社，2005。

钱穆：《中国学术思想史论丛》，北京：三联书店，2009。

钱钟书：《管锥编》，北京：三联书店，1979。

上海大学古代文明研究中心，清华大学思想文化研究所：《上博馆藏战国楚竹书研究》，上海：上海书店出版社，2001—2012。

台湾大学哲学系：《中国人性论》，台北：东大图书公司，1990。

陶师承：《荀子研究》，上海：大东书局，1926。

唐君毅：《中国哲学原论·原道篇》，北京：中国社会科学文献出版社，2006。

唐君毅：《中国哲学原论·原性篇》，北京：中国社会科学出版社，2005。

王国维：《观堂集林》，北京：中华书局，1959。

王棣棠：《孔子思想新论》，兰州：兰州大学出版社，1988。

王和：《历史的轨迹》，北京：北京师范大学出版社，2013。

武汉大学中国文化研究院编：《郭店楚简国际学术研讨会论文集》，武汉：湖北人民出版社，2000。

吴康等：《孟子思想研究论集》，台北：黎明文化事业公司，1982。

韦政通：《中国思想史》，台北：水牛出版社，1986。

夏甄陶：《论荀子的哲学思想》，上海：上海人民出版社，1979。

徐复观：《中国人性论史》，北京：九州出版社，2014。

徐复观：《中国思想史论集续篇》，上海：上海书店出版社，2004。

徐复观：《学术与政治之间》，北京：九州出版社，2014。

徐复观：《徐复观文集》，武汉：湖北人民出版社，2002。

杨朝明：《儒家文献与早期儒学研究》，济南：齐鲁书社，2002。

杨泽波：《孟子与中国文化》，贵阳：贵州人民出版社，2000。

杨泽波：《孟子性善论研究》，北京：中国人民大学出版社，2010。

余英时:《论天人之际——中国古代思想起源试探》,台北:联经出版事业股份有限公司,2014。

张岱年:《中国哲学大纲》,南京:江苏教育出版社,2005。

张岱年等:《中国观念史》,郑州:中州古籍出版社,2005。

周群振:《荀子思想研究》,台北:文津出版社,1987。

朱心怡:《天之道与人之道——郭店楚简儒道思想研究》,台北:文津出版社,2004。

〔日〕佐藤将之:《参于天地之治:荀子礼治思想的起源与构造》,台北:台湾大学出版中心,2016。

论文

刘念亲:《荀子人性的见解》,《晨报副刊》1923 年 1 月 16 日。

商聚德:《孟子哲学思想十题》,《河北大学学报》1980 年第 3、4 期。

刘树勋:《孟子研究综述》,《国内哲学研究动态》1981 年第 6 期。

王筱芸:《试论孟子的性善论》,《广西师范学院学报》1983 年第 2 期。

苗润田:《孔子人性思想浅论》,《齐鲁学刊》1984 年第 2 期。

吴乃恭:《荀子性恶论新议》,《孔子研究》1988 年第 4 期。

张奇伟:《建国以来孟子研究回顾》,《哲学动态》1989 年第 11 期。

傅永聚:《孟子研究四十年（1949—1989）》,《齐鲁学刊》1989 年第 6 期。

金景芳:《论孔子思想的两个核心》,《历史研究》1990 年第 5 期。

牟钟鉴:《儒家人性论的综合考察与新人性论构想》,《齐鲁学刊》1994

年第 6 期。

徐勇、黄朴民：《近年来孟子、荀子研究撮述》，《历史教学》1994 年第 8 期。

郭沂：《〈中庸〉成书辨证》，《孔子研究》1995 年第 4 期。

惠吉星：《四十年来荀子研究述评》，《河北学刊》1996 年第 5 期。

湖北省荆门市博物馆：《荆门郭店一号楚墓》，《文物》1997 年第 7 期。

庞朴：《孔孟之间—郭店楚简中的儒家心性说》，《中国社会科学》1998 年第 5 期。

陈来：《郭店简可称"荆门礼记"》，《人民政协报》1998 年 8 月 3 日。

李学勤：《郭店简与礼记》，《中国哲学史》1998 年第 4 期。

陈宁：《郭店楚墓竹简中的人性言论初探》，《中国哲学史》1998 年第 4 期。

郭齐勇：《郭店儒家简与孟子心性说》，《武汉大学学报》1999 年第 5 期。

吕绍纲：《性命说——由孔子到思孟》，《孔子研究》1999 年第 3 期。

赵士林：《荀子的人性论新探》，《哲学研究》1999 年第 10 期。

李存山：《郭店楚简研究散论》，《孔子研究》2000 年第 3 期。

张茂泽：《〈性自命出〉篇心性论大不同于〈中庸〉说》，《人文杂志》2000 年第 3 期。

丁四新：《论〈性自命出〉与思孟学派的关系》，《中国哲学史》2000 年第 4 期。

罗新慧：《从郭店楚简看孔孟之间的儒学变迁》，《中国哲学史》2000 年第 2 期。

连劭名：《论郭店楚简性自命出中的"道"》，《中国哲学史》2000年第4期。

李天虹：《〈性自命出〉与传世文献"情"字解诂》，《中国哲学史》2001年第3期。

丁为祥：《从〈性自命出〉看儒家性善论的形成理路》，《孔子研究》2001年第3期。

许抗生：《〈性自命出〉〈中庸〉〈孟子〉思想的比较研究》，《孔子研究》2002年第1期。

李锐：《儒家诗乐思想初探》，《中国哲学史》2002年第1期。

李景林：《读上博简性情论的几点联想》，《吉林大学学报（社会科学学版）》2002年第6期。

许抗生：《谈谈〈孔子诗论〉中的性、命思想》，《国际简帛研究通讯》2002年第4期。

陈来：《郭店楚简性自命出与上博藏简性情论》，《孔子研究》2002年第2期。

范红军：《近十五年来荀学研究综述》，《高校社科信息》2003年第3期。

丁四新：《论郭店楚简"情"的内涵》，《现代哲学》2003年第4期。

裘锡圭：《谈谈上博简和郭店简中的错别字》，《华学》2003年第8期。

褚新国：《性与天道——考察孔子人性思想的一个向度》，《云梦学刊》2004年第7期。

吕伟：《先秦"性"概念探本——从"生"的时间性角度探讨人性论问题》，吉林大学硕士学位论文，2007。

郭振香:《〈性自命出〉性情论辨析——兼论其学派归属问题》,《孔子研究》2005 年第 2 期。

梁韦弦:《〈中庸〉与郭店简〈性自命出〉篇的人性论》,《聊城大学学报（社会科学版）》2006 年第 2 期。

廖名春:《20 世纪后期大陆的荀子文献整理研究》,《邯郸学院学报》2007 年第 4 期。

冯兵:《论孔子善恶混的人性观》,《哲学研究》2008 年第 1 期。

颜炳罡:《郭店竹简〈性自命出〉与荀子的性情哲学》,《中国哲学史》2009 年第 1 期。

陈桐生:《孔子人性论》,《中国文化研究》2010 年夏之卷。

王志强，王功龙:《孔子人性论新探》,《江西社会科学》2010 年第 3 期。

赵法生:《孔子人性论的三个向度》,《哲学研究》2010 年第 8 期。

崔秀军:《〈中庸〉人性论研究》,湘潭大学硕士论文，2011。

冯晨:《孔子"畏天命"新释》,《孔子研究》2012 年第 1 期。

张茂泽:《孔子的人性论》,《长安大学学报》2013 年第 6 期。

唐代兴:《孔子人性思想的生成敞开进路》,《中国哲学》2016 年第 6 期。

后　记

本书在博士论文基础上修改而成。

2010年，我进入北京师范大学历史学院，师从罗新慧教授。在晁福林教授、罗新慧教授教诲下，对先秦历史有了较为宏观的把握，逐步确立了对儒家思想的兴趣。读博期间开始撰写《先秦儒家人性论起源与发展研究》。

对先秦儒家人性论的研究，古老而悠久。如何在前人基础上取得更新的认识，是本书的难点。通过对文献资料的研读，我逐渐意识到，儒家人性论的形成，与春秋时期"人"观念与"礼"观念的发展、成熟密不可分，而儒家人性论的发展，也呈现出人的道德地位、道德主动性越来越高，逐渐突破天的限制的趋势。围绕这一认识，参考前贤的观点以及文献材料，屡经修改，草成本书。

如何在传统文化中发掘道德精神，是当前社会的重要议题。对先秦儒家人性论起源与发展的研究，正可回应这一议题。只是，儒家人性论是一个包罗万象的大问题，本书只对略有心得的几个小问题作了粗疏的论述，远未深入堂奥，敬请方家指正。

　　感谢恩师晁福林教授、罗新慧教授的教诲，感谢王和教授、蒋重跃教授、罗卫东教授、李锐教授在本书写作过程中的指导。本书的出版得到了太原理工大学马克思主义学院领导、同仁的帮助，在此一并致谢。

郭倩谨识

二〇二二年七月